方言を救う、方言で救う

3.11
被災地からの提言

東北大学方言研究センター 著

ひつじ書房

まえがき

　それはちょうど学生との面談が終り、自分の机の前に座り直そうかと思ったときだった。大きな揺れが研究室を襲い、しかもとても長く続いた。本という本が書棚から床に降り注ぎ、書類を吐き出したスチールケースがパソコンの上に滑落した。資料カードを収めた重量級のロッカーが倒壊し、研究室の入口をふさいだ。部屋を出ようとした学生が、外から渾身の力でドアを押してくれていたおかげで、わずかにできた隙間から、なんとか廊下に這い出すことができた。なかなか姿を見せない私が押し潰されてしまったにちがいないと、その学生は大声で泣いていた。大きくゆがみ、波打つ部屋の中で、これで終わりかもしれないと、ある種諦念にも似た恐怖を覚えたのは確かである。

　その後しばらくは、不自由な生活が続き、自分や家族のこと、研究室の学生たちのことで手いっぱいの日々が続いた。ようやく落ち着きを取り戻す中で、学生たちと、これまで調査でお世話になった方々の安否を確認し、お見舞いの手紙を送る作業を行った。比較的最近、方言調査に協力していただいた気仙沼には、援助物資をリュックに詰め、慰問に伺った。しかし、もっと何かできることがあるはずだった。

何ができるのか。私の耳には、二つの声が聞こえていた。一つは、こうした非常時だからこそ取り乱さず、研究者として自らの研究に邁進せよという声、もう一つは、研究者といえども、この非常時には作業着に着替え、シャベルを持って被災者を助けに向かおうという声である。いずれももっともな意見である。しかし、私には、この二つとも極端な考えに思われた。端的に言えば、その中間はないのかという疑問である。研究者として、自分の専門を生かしながら、被災地の支援をすることはできないのだろうか。

私には幸いそれができそうに思えた。方言という存在は、地域の人々の生活を根底から支えるものではないのか。だとすれば、現地の方言について考えることが、そこに暮らす人々への支援にもなるはずだ。そう思うと、被災地の方言をめぐるさまざまな課題が次から次へと頭に浮かんできた。方言学の立場から、あるいは社会言語学の視点から、取り組むべきことは山ほどあった。本書の導入部にあたる「なぜ、今、方言なのか」には、震災の中で方言がもつ意味とは何なのか、そして、われわれはいかに方言と向き合うべきなのか、一つの考えを述べておいた。

メンバーたちと相談し、本書を「方言を救う、方言で救う」と名付けた。奇をてらった題名のように思われるかもしれないが、至ってまじめなつもりである。この震災の影響で、貴重な方言が消滅への歩みを加速させるであろう。そうした危機的状況を前にして、方言をどう記録し次の世代に伝えたらよいのか。追い詰められた被災者の心を、ふるさとの方言は癒し、鼓舞することができるのか。支援者たちが被災地の方言を理解し、言葉を通して現地の人々とつながるために、われわれはどんなお手伝いをすべきなのか。そうした問いかけや思いを「方言を救う、方言で救う」というタイトルに込めた。

本書は、これまでの方言学がいまだ経験したことのない課題に直面し、大いに悩みながら手探りで活動してきたことの記録である。その点では、今後、どこかで起こるかもしれない災害への準備として、本書を利用してもらうこともできるであろう。研究者の方々、被災地の支援をしたいと思う方々、そして方言に関心のある方々が、本書をもとに、それぞれの立場から震災の中の方言について考えてくださることを期待する。

東北大学方言研究センター

小林　隆

凡　例

一般の読者のみなさまには見慣れない表現が、各章やコラムの中に出てきます。それは、「小林（二〇〇七）」といった表現です。これは、小林が二〇〇七年に発表した論文という意味です。具体的に、それがどの論文を指すかは、各章やコラムの末尾に、「文献」という欄を設けてそこに記してあります。例えば、次のように示してあります。

文　献

小林隆（二〇〇七）「方言機能論への誘い」『シリーズ方言学三　方言の機能』岩波書店

この本を読んで、興味が湧いたという場合は、さらにこれらの関連文献に目を通してみていただきたいと思います。

目次

まえがき…i

なぜ、今、方言なのか…1

第1章　貴重な方言が消えていく――11

一　地域コミュニティの崩壊と、それに伴う方言の危機…12
二　危機にある方言を把握するために…14
三　方言地図と被災地域…19
四　全国の方言分布から見た危機的方言…25
五　地域別に見た危機的方言…44
六　課題と今後への提言…50

第2章　方言のこれからの記録に向けて――57
一　記録のための基礎作業…58
二　調査の方法…59
三　どんな分野の記録が足りないか?…60
四　どこの地域の記録が乏しいか?…62
五　方言集における編纂主体の偏り…69
六　課題と今後への提言…71

第3章　方言は被災者を支えることができるか――81
一　被災地における方言の役割…82
二　いくつかの事例…82
三　復興スローガンにおける方言の使用…91
四　方言スローガンに対する人々の意識…98
五　課題と今後への提言…104

第4章　支援者と被災者を結ぶ方言パンフレット――113
一　被災地におけるコミュニケーション…114

二　方言をめぐる社会的問題とは…115
三　方言パンフレットを作る…117
四　「支援者のための気仙沼方言入門」…130
五　課題と今後への提言…139

第5章　人々をつなぐ方言情報ネットワーク——153
一　Webサイトによる情報発信…154
二　各学術分野の大震災特設Webサイト…159
三　被災地での学術的調査の管理体制作り…165
四　「東日本大震災と方言ネット」構築へ…170
五　課題と今後への提言…180

第6章　次世代に方言を伝えるために——193
一　消滅の危機に瀕する被災地方言…194
二　方言の記録方法…195
三　記録に取り組むために…198
四　記録から継承へ…207

五　課題と今後への提言…213

コラム　被災地の方言を知ろう！
1　方言の位置づけ…53
2　発音①「知事」と「地図」…74
3　発音②「開ける」と「上げる」…77
4　発音③「機械」と「近い」…106
5　アクセント…108
6　文法①「サ」…146
7　文法②「ベ」…149
8　語彙①「唾」…183
9　語彙②「オチル・ナゲル」…187

震災を体験して―執筆者から一言―…219

あとがき…223

なぜ、今、方言なのか

震災の中の方言

昨年三月一一日に発生した大地震は、東日本に未曽有の被害をもたらした。たくさんの命が奪われ、生活の場が崩壊した。長年住み慣れた土地を離れざるを得ない人々も多く現れた。しかし、一年以上が過ぎた今、被災者たちは、ふるさとの復興に向け、歩みを始めている。まず何よりも人間の生存に関わることがらが重要な課題となっている。瓦礫の撤去や放射線の除染、あるいは集団移転等による生活の場の確保を急がなければならない。地域の基盤となる産業の立て直しも急務である。医療や教育の問題も解決しなければいけない。

そうした、人間の生存に直接関わる課題に比べると、地域の文化に関する問題への取り組みは一見緊急度が低いように思われる。しかし、地域の復興は文化の復興と一体にならなければ成し得ないものであろう。なぜならば、人々の暮らしは、地域の文化の中で営まれてきたものだからである。単に生存するということを超え、これまで通り人々がその地域に根をおろして生活していくためには、その土地土地の文化的な環境の支えがどうしても必要となる。

そのような意味で、地域の文化の保全・復興に関わる取り組みが進められているのは非常に重要なことである。それらの取り組みは、例えば、神社仏閣等の文化財や、古文書・古記録などの保存・修復の作業として行われている。あるいは、祭りや舞踊などの伝統行事・芸能も対象になっている。取り組みの対象は、ひとことで言えば、形のあるもの、目に見えるものであると言える。

それでは方言はどうだろうか。方言はいわゆる文化財や伝統芸能とは異なり、形のないもの、目に見えないものである。そのせいか、方言を文化として捉える姿勢は一般には弱い。また、方言が人間の生死に積極的に関わるものとは思えないというのが普通の理解であろう。確かに方言は、私たちにとってあまりにも日常的で当たり前の存在でありすぎた。しかし、今回のような大災害の中に身を置くと、文化としての方言、さらには生存に関わる方言の意義が重く理解されてくる。

人間を人間たらしめている最たる要素は言葉であろう。その言葉がさまざまな文化の根底にあることは疑い得ないのではないか。そして、日本列島に豊かな文化の地域差が存在するとすれば、それをもたらす基盤に言葉の地域差、すなわち方言があることは間違いない。しかも、各地の方言は、一朝一夕にしてできあがったものではない。長い歴史のなかで、時間をかけて作り上げられてきたのが方言であり、そこには日本列島に展開したさまざまな文化の歴史が投影されている。その点では、方言は私たちにとって、最も貴重な文化遺産であると言っても過言ではない。

言葉は人間と共にある。地域の言葉である方言は、地域の人々と共にある。社会の効率化、文化の画一化の流れの中で、人々は方言にその土地らしさを求めるようになってきた。都会化の波が各地に及ぶ中で、ふるさとの温かみを方言に感じ取ろうとし始めている。方言は今や人々の地域的アイデンティティーの拠り所と言えるものなのである。これまで、当たり前の言葉であった方言が、現代においては、人間の生存を心理的に支える存在にまでなってきたのである。

方言は私たちの貴重な文化遺産であり、地域文化の象徴的存在である。また、そこに暮らす人々の精神的支柱でもある。今回の大震災は、そうした方言にどのような影響を与えるのだろうか。また、生きた言葉としての方言は、地域の復興にいかなる役割を果たし得るのだろうか。そして、この震災を機に、今後方言をどうしていくべきであろうか。そうした問いに答えることは、私たち、方言に関心をもつ者にとって、今、ぜひとも取り組まなければならない課題であると考える。

何をなすべきか

以上のような思いを、いかにして具体的なかたちにしていくのか。東北大学方言研究センターでは、震災発生以来、震災と方言をめぐるさまざまな課題に取り組んできた。まず、被災地という現場において、地域の方言に関してどのような問題が起こり得るのかを洗い出す作業から開始した。そこで見出された課題は次のとおりである。

課題1　被災地についての情報収集（＝取り組みの前提を準備する）

・どのような被害が起こっているか。
　↓災害の種類と被災の実態について状況を把握する。
・被災地とはどこなのか。
　↓被災地地図を作成し、地理的な広がりの中で被災地を認識する。
・被災地の人々はどうなったのか。
　↓人口の減少や避難の状況について把握する。

課題2　被災地の方言の特徴（＝方言学的に方言を把握する）

・被災地の方言とはそもそもどのような言葉なのか。

↓従来の研究を整理し、方言の特徴を理解する。

・それらについてどのような研究が行われてきたのか。

↓研究文献や資料の目録を作成し、研究の現状を押さえる。

・方言の記録として不足している部分は何か。

↓上記の作業を通して、今後取り組むべき課題を見出す。

課題3　被災地の方言の現状と将来（＝方言と方言学の将来について考える）

・どのような方言が消滅の危機に瀕しているのか。

↓被災地地図と方言地図との対比により消えゆく方言を把握する。

・その方言の消滅は方言学にどのような影響を与えるのか。

↓方言地理学や方言類型論などの観点から影響を考える。

・今後、被災地の方言はどうなっていくのか。

↓消滅・統合・拡散、あるいは共通語化などの可能性を探る。

課題4　被災地の方言の保存（＝方言学的な支援のあり方を検討する）

・被災地の方言を記録するにはどうしたらよいか。

↓被災・避難という状況下での方言調査の計画について考える。

・被災地の方言の継承を考えるには何が必要か。

↓若い世代への継承の必要性とその方法について検討する。

・被災地の方言はどのように保存されるべきか。

↓学術的な保存と社会的な保存の方法の両面を考える。

課題5　被災地の方言をめぐる社会的問題（＝社会方言学・実践方言学に踏み出す）

・被災地において見られる方言の社会的問題とはどのようなものか。

↓救援隊・医療関係者・ボランティアと被災地方言との関係について考える。

・住民の避難に伴い方言にどのような問題が生じているのか。

↓避難先の方言との間に起こる摩擦・トラブルについて把握する。

・それらの問題に対して、どのような取り組みを行うことができるか。

↓摩擦・トラブルを回避・解消するための方策について検討する。

課題6　被災地における方言の意義（＝方言機能論の立場から方言をとらえる）

・被災地の住民は地元の方言に対してどのような感情を抱いているか。

↓方言をコミュニティや避難先での連帯感維持に役立てているか把握する。

・支援者は被災地の方言をどのような目で見ているか。

↓外から入り込んだ人々の、地元方言に対する見方を明らかにする。

・方言は被災地の住民を励ますためにどのように利用されているか。

↓救援隊や行政・一般人が作成する標語などの方言利用について調べる。

以上のように、震災と方言をめぐる課題は、方言研究の基礎から実践的な側面に至るまで広範囲に及ぶ。また、すぐにでも取り組める課題と、長期的展望に立って慎重に進めるべき課題とが存在する。その点を見極めながら、より具体的で実現可能なテーマを設定し、取り組みを開始した。そこでは、インターネットや図書館などを通じて基礎的な情報や文献を入手する一方、さまざまな公共機関や新聞社に足を運んだ。また、現地を訪れ被災地の言語景観を調査するとともに、被災者や支援者の方々から直接お話をうかがった。そして、それらの活動の中から、被災地の方言の今後を考え、被災者を支援するいくつかの成果を挙げることができた。

本書の内容は、そうした一連の取り組みを基にしている。

今後の活動のために

本書の構成を示せば次のようである。（　）内に、右に掲げた課題との対応関係を示す。

第1章　貴重な方言が消えていく（課題3）
第2章　方言のこれからの記録に向けて（課題2）
第3章　方言は被災者を支えることができるか（課題6）
第4章　支援者と被災者を結ぶ方言パンフレット（課題5）
第5章　人々をつなぐ方言情報ネットワーク
第6章　次世代に方言を伝えるために（課題4）
コラム　被災地の方言を知ろう！

第5章の方言情報ネットワークは当初は見えていなかった課題であるが、活動の進行とともに必要性が痛感され、新たに設定したテーマである。また、本書が一般の方々、特に、被災地に支援に入る方々にも読まれることを想定し、被災地の方言について紹介するコラムを設けた。

ところで、私たちの取り組みは、先に示したさまざまな課題の中のほんの一部にすぎない。むしろ、やり残した課題の方がずっと多いのである。これまでの活動を振り返ると、もっとやれたのではないかと思う反面、私たちでできることの限界も知ることができた。そもそもこうした課題は、一つの組織が単独で立ち向かうのではなく、学界全体が、さらには、方言に関心ある人たちが一体となって取り組むべきものでなければならない。被災地の方々、支援の方々を含めた一般市民の参加、そしてそれを応援する国や地方のバックアップがなければ、十分な取り組みには至らないはずである。もちろん、私たちも手を緩めるつもりはないが、本書を読んでくださった多くのみなさんが私たちと歩みを共にしてくださることを期待したい。

そして、そのためには、今後を見据え、進むべき道を模索することが必要となる。私たちのこれまでの取り組みで何が問題となり、これからいかにして行けばよいのか。また、東日本大震災で得た教訓を、今後いつ起こるかわからない災害に活かすためには、どうすればよいのか。そうした点を押さえておかなければいけない。各章の末尾に、「課題と今後への提言」の節を設けたのは、そのような意図からである。

本書が、震災と方言について考えるための文字通りの踏み台となることを願う。

第1章　貴重な方言が消えていく

一　地域コミュニティの崩壊と、それに伴う方言の危機

二〇一一年三月一一日に東日本を襲ったM九・〇の地震と大きな津波は、東北地方を中心とした地域の住民に未曾有の被害をもたらした。死者・行方不明者二万人近く、家屋の損壊一〇八万棟以上(二〇一二年二月)、地元を逃れた避難者が最大時三〇万人に上るという戦後最悪の災害となった。

このように、東日本大震災(以降、本章では「大震災」と略する)は各地に甚大な被害を与えた。その影響で、慣れ親しんだ土地を離れざるを得ない人も、多く現れている。人口流出が進んでいることは、例えば、次のような一連の記事にも窺える。

東日本大震災で津波被害の大きかった岩手、宮城、福島三県の沿岸部にある市町村で、震災後に人口が計約五万人減少したことが九月八日、分かった。共同通信が住民基本台帳に登録された人口を沿岸部の三十七市町村に取材したもので、住民票を移さずに転居した人も多く、実際の人口減少はさらに進んでいるとみられる。

〇福島県の人口二〇〇万下回る　三十三年ぶり

〇宮城県沿岸部の推計人口が二万四千人減少

被災地では雇用情勢の悪化が続いているほか、住宅再建のめどが立たない被災者も多く、復興の遅れがさらなる人口流出につながる恐れもある。

各市町村の震災前（二月末〜三月十一日）と震災後（七月末〜九月初め）の人口数を比較した。沿岸部の自治体では人口流出のほか津波による犠牲者も多い。

減少数が最も多かったのは宮城県石巻市で約九千人。減少率が最も大きかったのは、岩手県大槌町（おおつちちょう）で十三％以上だった。

石巻市の担当者は「津波の浸水域は事業所の九割近く、世帯で七割以上。国には早く復興の制度を示してほしい」と訴える。

福島第一原発事故のため一部が立ち入り禁止の警戒区域となっている福島県南相馬市の人口は、震災前より約四五〇〇人減って約六万七〇〇〇人。しかし、南相馬市が九月五日現在で確認したところ、市内で生活する住民は四万人ほどだったという。住民票は動かさずに避難した人が多いとみられる。

（http://www.iza.ne.jp/news/newsarticle/event/disaster/527117/:2011/09/09 SANKEI EXPRESS より）


このような報告記事に示される通り、現在も被災地各地で人口の流出が進んでいると考えられる。こういった、その土地に暮らす人々が各地へ流出するということは、その地域の方言を日常的に話し支える人が、その土地から減るということでもある。自然、土地土地に暮らす人とともにあるその土地の方言も、衰退に向かうことになるだろう。これまでも共通語化の進行に伴い、各地の伝統方言が消えつつあることは指摘されてきた。それに加え、今回の東日本大震災に起因する人口流出などにより、地域コミュニティの崩壊が進み、方言の消滅にさらに拍車をかけることになるであろう。

二　危機にある方言を把握するために

二・一　「危機的な方言」とは

本章では、以上のような状況を踏まえ、消滅の危機に陥る恐れのある方言の現状を把握することを試みる。どういった方言が、今回の大震災による被害を大きく受けそうか考えてみたい。

ただし、危機的な状況に陥る恐れのある方言をどう認定するかは簡単ではない。考え方によって、危機的状況の捉え方も異なってくる。一番単純な方法は、話者人口を目安にするもので、話者人口の少ない方言が消滅の危機的度合いも高いとみなす。さらに、これに、今回の震災で被害を受けた話者たちの割合、つまり、その土地を離れざるを得なかった人々の割合が加味されれば、より説得的な危機度の認定が可能になるかもしれない。

しかし、この方法で問題になるのは、「〜方言」といった場合の「方言」の定義である。普通、「宮古方言」「石巻方言」などと言った場合、ほぼ宮古市、石巻市という行政範囲をイメージして理解される。しかし、方言の境界はかならずしも市町村の区画と一致するわけではない。その方言の使用範囲は、実は十分明らかになっているとは言えない。

また、「方言」といった場合、その土地で使われる言葉の全体像を指す場合と、「ライサマ（雷）」「ナゲル（捨てる）」のような個々の単語や表現を指す場合がある。専門的になるが、前者は記述方言学的な立場、後者は方言地理学的な立場と言える。記述方言学は特定の土地にしぼって調査を行うので、地域の言葉を総体としてとらえることに優れるが、その地域の言葉の全体を対象に危機度を判定するのは容易ではない。そもそも、それだけの作業に耐えうる研究成果があがっていない。一方、方言地理学は個々の単語や表現を扱うことが多いので、個別的な分析に陥りやすいが、ある程度の資料は揃っているから作業を行いやすい。広い範囲を調査するので、他の地域と比較して被災地の言葉の危機をとらえるということにも優れている。

消滅の危機にある方言を認定するためには、このように考えるべき点が多くある。ここではひとつの立場として、方言地理学的な見方で被災地方言の危機を考えることにする。すなわち、本章で言う「危機的な方言」とは、第一義的には被災地で使用される個々の単語や表現のことを指している。そして、そのような単語や表現が、全国的に見てどのような広がりをもつのかという視点から方言の消滅の危機について考える。そのうえで、それらの結果の集積から方言の危機が深刻な地域について検討していきたい。

二・二　方言地理学的な見方

「危機的な方言」を方言地理学的な見方で考えるということについて、もう少し解説を加えてみよう。

例えば、大震災後、「がんばっぺ！宮城」といった方言を盛り込んだスローガンが被災地を中心にして各地の看板などに見られる。こういったスローガンに見られる「ぺ」という言葉は、被災地で用いられる文末形式「～べ（ぺ）」であり、被災地の方言の特徴を代表するような言葉と言える。では、「～べ（ぺ）」は、仮に、被災地の地域コミュニティが崩壊に向かうとして、その時、直ちに消滅の危機に陥ると言えるだろうか。答えは否である。それというのも「～べ（ぺ）」という方言は、被災地域のみならず東北各地の方言で用いられ、仮に被災地で用いられなくなったとしても、他の地域で存在し続けると予測できるからである。一方、あとで取り上げる石巻市の「雄牛」の「ド」などは、それ以外の地域に見られず、石巻で使われなくなると消滅してしまう方言と言える。

このように、危機的な状況に陥る恐れのある方言かどうかを判断するには、被災地以外の他地域でいかに使われているかという視点が重要だと言える。つまり、その方言の仲間が他の地域にも存在していれば、すぐさま消滅に至るという可能性は低いことになる。

ただし、話はそう単純ではない。一つは、その方言の意味まで考えたとき、たとえ形が同じだとしても、まったく同じ方言と言ってよいかという問題がある。右の「～べ（ぺ）」で言えば、東北各地の「～べ（ぺ）」がすべて同じ意味だという保証はなく、被災地の「～べ（ぺ）」が他の地域と異なる特別な意味をもっているかもしれない。そうなると、「～べ（ぺ）」が他の地域にあるからといって、安心してはいられないのである。この問題は重大ではあるが、今、綿密に検討するだけの準備がないので、注意喚起のみにとどめておく。

もう一つの問題は、被災地の方言の仲間が他の地域にも存在するとして、それはどこかという問題である。「～べ（ぺ）」のように、被災地に連続して東北一円に使用地域が広がる方言は基盤が強固で、確かにそう簡単には滅びそうもない。しかし、その方言の使用地域が遠く離れた地域にあり、被災地の方言が孤立的であるとしたら、話は別である。仲間が存在したとしても、すぐ近くでなければ、結局はその方言の基盤は弱く、消滅に向かう恐れが大きい。その点では、全国の中で被災地でしか使わない方言と大差がないと言える。

　例えば、今回の大震災による津波で海岸部に被害を受けた地域の一つ、宮古市では、感謝の表現「ありがとう」に当たる言葉を「オーキニ」と言う。今回の震災に当たっても、地元の人からの救援隊への謝辞と慰労の言葉として、「宮古市の復興・応援に来ている皆さん　どうも　おおきに」という横断幕が掲げられたと報告されている（田中宣廣（二〇一二）「地域語の経済と社会—方言みやげ・グッズとその周辺—第156回「『方言エール』～東日本大震災復興の方言メッセージ（2）」」（Sanseido Word-Wise Web［三省堂辞書サイト］http://dictionary.sanseido-publ.co.jp/wp/）。この感謝の表現について全国の用いられ方を見ると、共通語形の「アリガトー」や、それ以外に「タイヘンデス」（福島県）、「ゴチソウサマ」（甲信越地方）、「スマナイ」（中部地方）など、他の様々な表現を隔て、関西地方に至ってようやく感謝の言葉として「オーキニ」が広く用いられている。このように、宮古の「オーキニ」の仲間は関西に存在するが、しかし、あまりにも地域が離れすぎており、宮古自体の「オーキニ」は孤立的なのである。

　なお、宮古と関西の「オーキニ」はこのように地域を隔てて共通性を見せるところから、江戸時代に盛んだった、近畿地方と東北地方各地の港を結ぶ海路を伝っての言葉の伝播が推定される。このことは、「オーキニ」が単に孤立的で消滅の危機にあるというだけでなく、宮古地方の文化の由来を考えるための手がかりが消える恐れがあることを意味する。被災地に孤立的に見られる方言の中には、このように歴史的に重要な価値を帯びるものが含まれている。

以上のように、方言地理学的な見方では、危機的な方言を周囲との関係において、あるいは全国的な広がりの中でとらえ、また、その歴史的背景にも注目するところに特徴があると言える。

三　方言地図と被災地域

三・一『日本言語地図』と『方言文法全国地図』

ここで、あらためて方言地理学と方言地図について簡単に説明しておこう。

方言学の分野では、方言の広がり方を「方言分布」と呼ぶ。さらに、その方言分布と地理的背景や社会的背景などとの関わりを考えたり、その方言分布から言葉の歴史を考えたりする研究分野を「方言地理学」と言う。そして、方言学者は、各地で、「朝、人と出会った時、あなたはどんなあいさつをしますか」などというように尋ね歩き、その回答で得られた方言形を、語形の共通性などを踏まえて記号などに置き換え、「方言分布」を示した資料、すなわち「方言地図」を作成してきた。
この「方言地図」は、統一された同じ質問を、その土地生え抜きの話者に行うという厳格な基準を満たして作成されたもので、各地の方言の地域差を正確に知ることができる。つまり、被災地で用いられる方言が、被災地以外の各地でどのように用いられているか探るのにもうってつけの資料と言える。

これまでの方言地理学の成果によって、被災地域を中心にしたことばの地域差が分かる資料がいくつか作られている。それらの中で、本章の取り組みで検討材料としたのは、『日本言語地図』と『方言文法全国地図』である。これは、全国の分布を視野に入れて考えることで、より多様な視点で被災地域の方言の位置づけの検討を行うことができるためである。

『日本言語地図』(Linguistic Atlas of Japan、略称LAJ)と『方言文法全国地図』(Grammar Atlas of Japanese Dialects、略称GAJ)は、国立国語研究所の主導のもと、全国各地の方言研究者が調査に赴き、その結果から作り上げられた方言の分布地図である。このうち、LAJ全六集(地図三〇〇枚)は主として語彙を対象とし、調査地点は全国二四〇〇地点に及ぶ。これに対して、GAJ全六集(地図三五〇枚)はとりわけ文法事象を扱っており、調査地点は全国八〇七地点である。いずれも各地でその土地生え抜きの話者が被調査者として選ばれている。

　この二つの方言地図を用いて危機にある貴重な方言を把握する取り組みに際して、まずは、被災地の範囲を特定し、ＬＡＪ、ＧＡＪそれぞれに重ね、それぞれの地図の調査地点で、被災した地点を割り出す必要がある。

三・二　作業上の「被災地域」

　ここで問題となるのが、被災地域の範囲を特定することである。

　今回の取り組みでは、大震災による被災地域の範囲を、大震災による被害が大きかった東北地方の、津波の浸水地域、及び福島第一原子力発電所事故（以降、原発と略する）の避難区域と定めることにした。

　津波の浸水地域の特定に際しては、総務省統計局のＷｅｂサイトに示された浸水地域の地図情報を参考にした。また、原発の影響範囲の特定に当たっては、政府告示の警戒区域、計画的避難区域、緊急時避難準備区域及び特定避難勧奨地点を被災地の範囲と見定め、経済産業省Ｗｅｂサイト（二〇一一年八月三日時点）の、警戒区域、計画的避難区域、緊急時避難準備区域及び特定避難勧奨地点がある地域の概要図を参考にした。

　この被災地域の範囲の定め方には、当然ながら別の解釈も考えられる。例えば、津波の浸水がなかったり、少なかったりした地域でも、大震災の揺れによって液状化が起き、その土地での生活が困難になった地域や、原発の警戒区域外の地域でも、線量が高く、人口の流出が進んでいる地域が存在する。さらに、津波によって浸水した地域でも、幸いにして波が高くなく、被害が軽微であった地域も存在する。

しかし、本章の取り組みに当たっては、この取り組みを進めていた昨夏の時点で、今回の大震災による被害の範囲が公的に告示されるなどし、ある程度地理的に見定めることができたという理由で、津波の浸水地域と、原発により影響の及ぶ範囲、すなわち、警戒区域、計画的避難区域、緊急時避難準備区域及び特定避難勧奨地点の二つのデータを参考に、本章で扱う「被災地域」の範囲を定めたという経緯がある。

時々刻々と変わる被害の範囲や、各種調査に基づいて出揃いつつあるデータをもとに、被災地域の範囲を修正する必要もあるだろうが、それは今後の課題とする。

さしあたり、前述の定義で定めた「被災地域」(津波の浸水地域、及び原発の避難区域)の地図と、LAJ・GAJを重ね合わせ、方言地図の調査地点のうち、被災地域の範囲に含まれる地点を洗い出したものが次に掲げる**図1a**、**図1b**である。

それぞれの図のうち、1～23までの数字が付された星の地点は、「被災地」におけるLAJの調査地点(計二三地点)であり、同様に、A～Pまでのアルファベットが付され

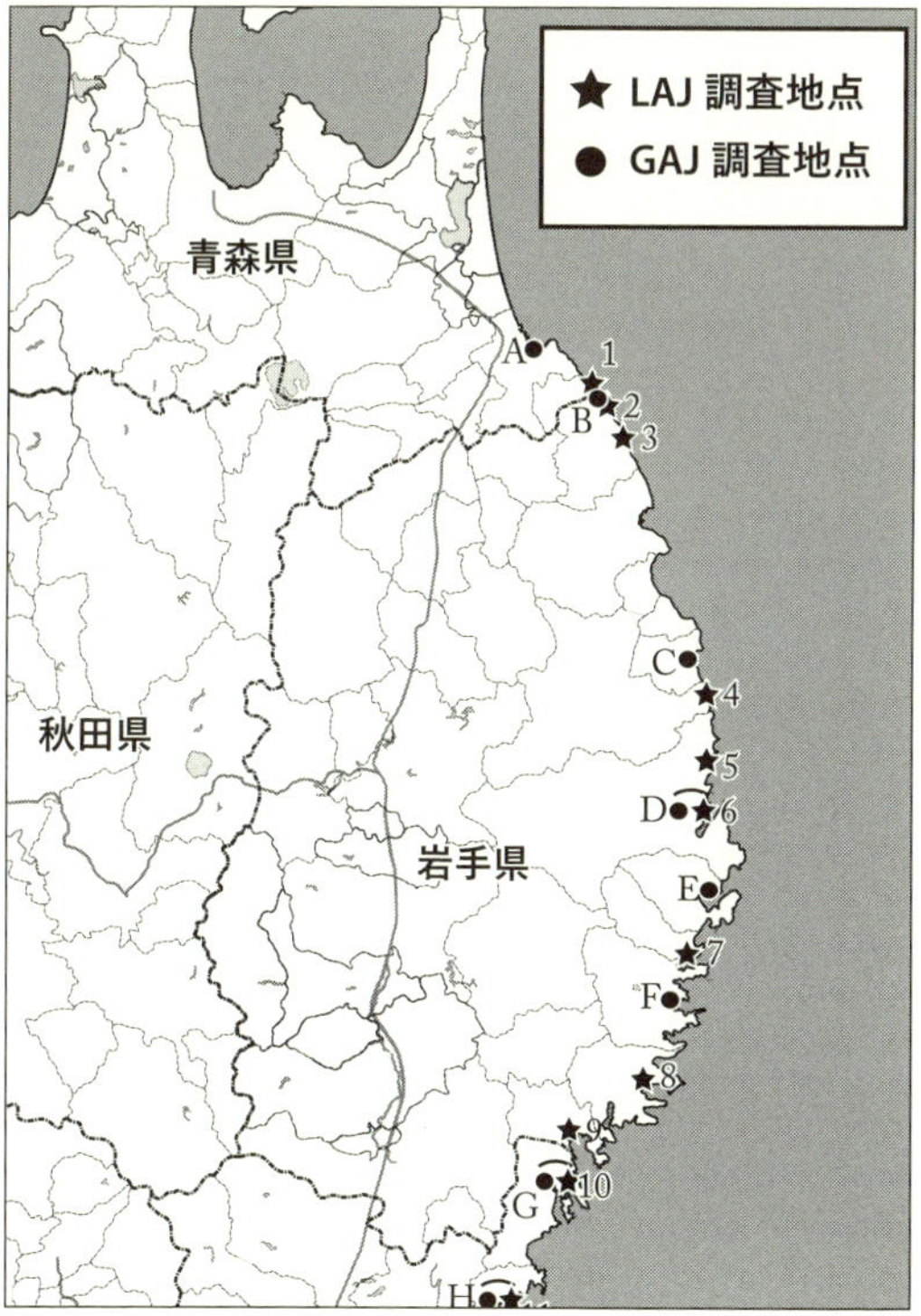

地点名	LAJ 地点番号	地点名	GAJ 地点番号
1 階上町道仏	3716.27	A 八戸市白金	3706.81
2 洋野町横手	3716.58	B 洋野町種市	3716.48
3 洋野町種市	3717.90	C 田野畑村菅の窪	3747.46
4 岩泉町茂師	3746.09	D 宮古市愛宕	3767.18
5 宮古市田老	3757.59	E 山田町大沢	3777.19
6 宮古市宮古	3767.18	F 釜石市松原町	3787.45
7 大槌町桜木町	3777.86	G 気仙沼市東八幡前	4706.43
8 大船渡市三陸町	3797.32		
9 陸前高田市高田町	3796.95		
10 気仙沼市内ノ脇	4706.53		

図 1a　LAJ・GAJ の被災調査地点（北東北）

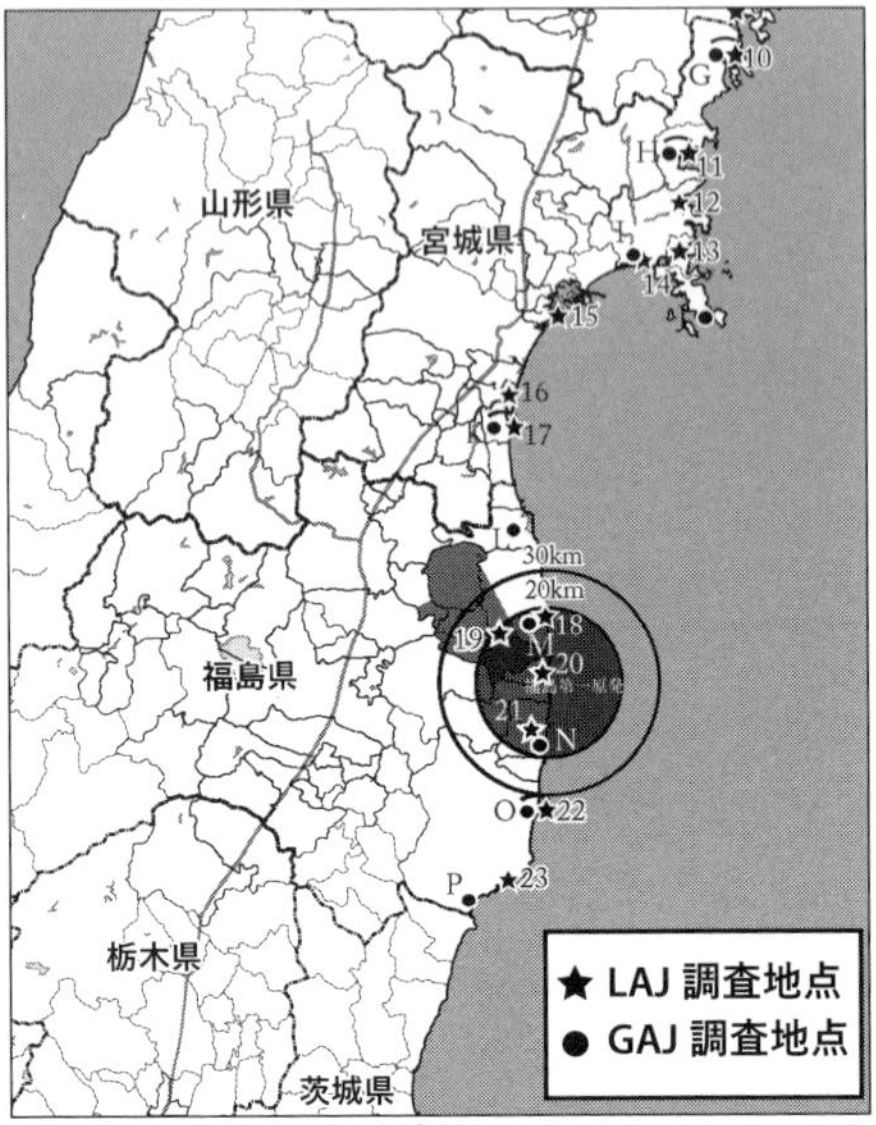

地点名	LAJ 地点番号	地点名	GAJ 地点番号
11 南三陸町歌津馬場	4716.72	H 南三陸町志津川	4715.98
12 石巻市長面	4725.68	I 石巻市新中里	4735.32
13 女川町鷲ノ神浜	4735.37	J 牡鹿町鮎川浜大子	4746.21
14 石巻市門脇町	4735.42	K 亘理町荒浜	4753.76
15 七ヶ浜町松ヶ浜	4744.32	L 相馬市中村北町	4773.26
16 岩沼市押分	4753.36	M 小高町仲町	4783.69
17 亘理町荒浜	4753.76	N 楢葉町前原	5704.30
18 南相馬市原町区小浜	4784.41	O いわき市久之浜町	5714.10
19 浪江町昼曽根	4783.74	P いわき市植田町	5723.51
20 双葉町新山	4794.30		
21 楢葉町上繁岡	5703.19		
22 いわき市久之浜町	5714.10		
23 いわき市小名浜横町	5723.36		

図 1b　LAJ・GAJ の被災調査地点（南東北）

た丸の地点はGAJの調査地点(計一六地点)を示している。

四　全国の方言分布から見た危機的方言

四・一　危機的方言の分布パターン

被災地域に分布する方言が危機的であるかどうかを方言地理学的に判断するためには、先に述べたように、その方言と類似の方言が、全国的に見てどこにどれくらい分布するかということが重要になる。もし、被災地域の周りにも強固な分布を持っていれば、その方言はかならずしも危機的であるとは言えない。一方、その方言が、全国的に見て被災地にしかないものだとすれば、それは危機的な方言だと判断できる。また、被災地以外にも存在していたとしても、その分布が離れた地域であれば、被災地の方言はやはり危機的であると言えよう。すなわち、被災地域の方言が孤立的な分布を示すとき、その方言は危機的であると判断することができる。

そこで、被災地の方言の孤立的な状況をいくつかのパターンに分類し、次のように整理してみた。

被災地域に分布する方言語形が

→**①被災地域に特有の語形である場合**

A. 被災地域内にのみ分布する場合 ＝①A

B. 被災地域内とその近辺に少数分布する場合 ＝①B

→**②他地域にも離れて分布する場合**

A. 他地域が東北地方の場合 ＝②A

B. 他地域が東北地方以外の場合 ＝②B

C. 他地域がA・B両方の場合 ＝②C

①は、被災地、あるいは被災地とその近辺に特有の方言の分類ということになる。②は、他地域にも見られるが、被災地からは離れて存在する方言の分類ということになる。

四・二　分布パターンごとの具体例

では、具体的にどのような方言が危機的な方言なのか、右の分類に従って見て行こう。

①Aに分類される方言

最初に取り上げるのは、①Aのパターン、すなわち、被災地域に分布する方言が、「被災地域に特有の方言であり、特に、被災地域内にのみ分布する」場合である。

【例】LAJ（地図種類）　二〇七図（図番号）　「雄牛」（項目内容）　／　「ド」（当該語形）

図2は「雄牛」について、全国の方言の地域差を捉えた方言地図である。なお、LAJ、GAJの原図は、例えば「●」＝「オウシ」、「□」＝「コッタイ」などと、地点ごとの回答を、語形の共通性にもとづいて記号化し、一地点一地点、記号を置いているが、本章では、県ごと、地域ごとなど、ある程度の範囲でまとまって見られる分布を塗りつぶして表現する略図の形で方言の分布を示す。異なる語形には、異なる模様が当ててある。なお、模様が重なる地域は、その地域で、それぞれの語形が同じくらい分布していることを示している。

図を見ると、全国的には「オウシ」「コッタイ」が東西で大きな分布を築いている。その中で、東北地方は「オトコ（ウシ／ベコ）」の勢力が大きい。被災地域の特徴的な方言「ド」も「オトコ（ウシ／ベコ）」に囲まれるようにして、宮城県石巻市で回答されている（被災地の特徴的な方言を、地図中では★で示す）。この方言は全国の分布を眺めても見

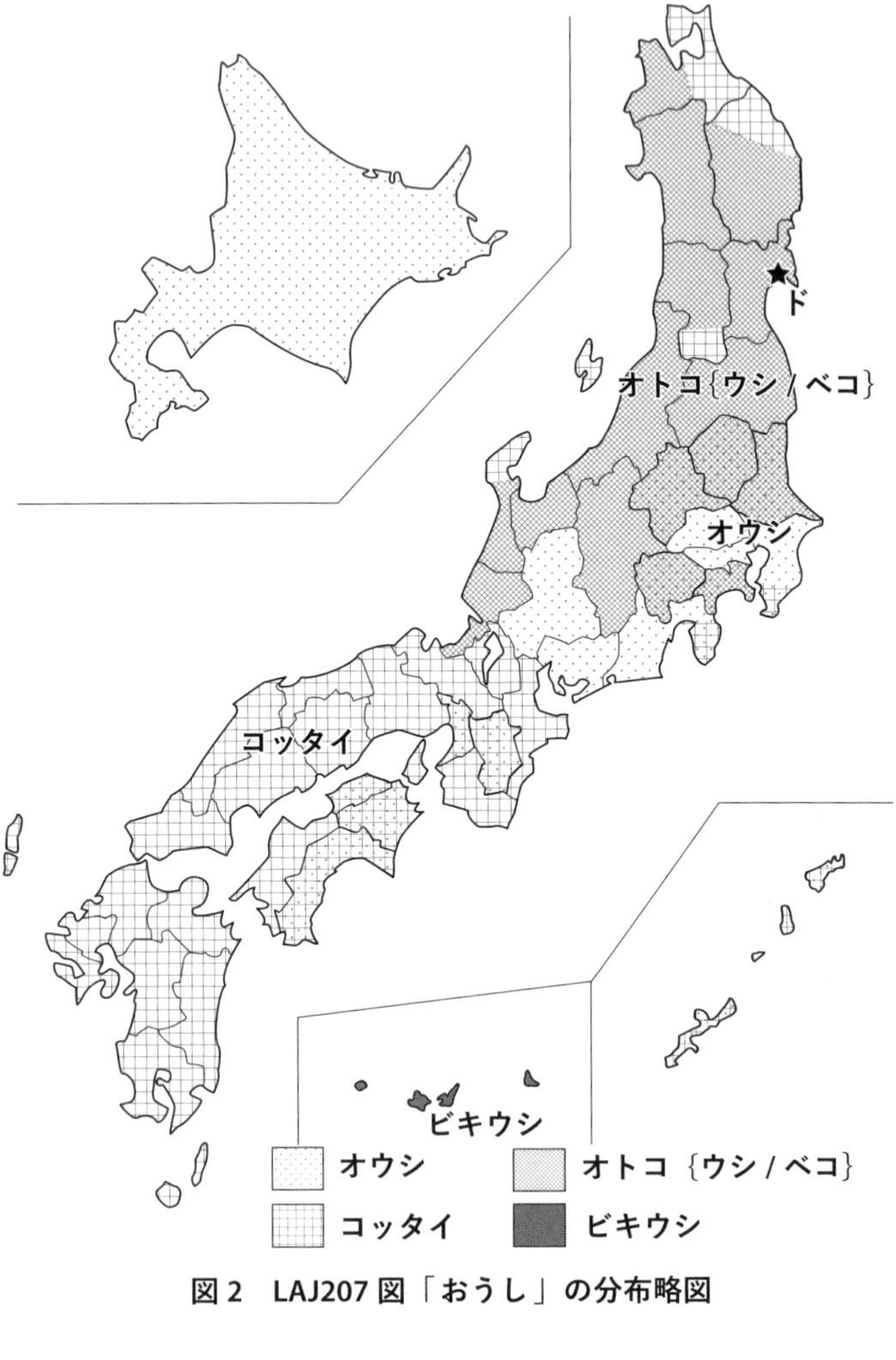

図 2　LAJ207 図「おうし」の分布略図

当たらず、その点で、①Aに分類される方言である。石巻市にしか見られない孤立的な方言ということで、消滅の危機に瀕する度合いは極めて高いと言える。
①Aに分類される方言はいずれも全国一地点ないし二地点程度の分布が多いため、ここでは地図で紹介するのは、この一例にとどめる。なお、例えば他に、次のようなものがある。

・LAJ一四二図「おじいさん」／「ハグ」（青森県階上町、岩手県洋野町）
・LAJ一四九図「かたぐるま」／「タンタンドン」（福島県いわき市）
・LAJ二五四図「梅雨」／「ジップグレ」（岩手県陸前高田市）
・GAJ一〇六図「起きよう」／「オゲベエ」（岩手県田野畑村）
・GAJ三三一図「いいえ、役場ではありません」／「デゴザリャセンデゴザリャセン」（宮城県気仙沼市）

GAJ三三一図は、文単位の回答の内、「ではありません」に当たる部分の地域差を捉えたものだが、「でございません」に当たる形式「デゴザリャセン」を重ねるという、特徴的な用法が被災地にのみ見られるところが興味深い。貴重な例と言えるだろう。

①Bに分類される方言

次に取り上げるのは、①Bのパターン、すなわち、被災地域に分布する方言が、「被災地域に特有の方言であり、特に、被災地域内とその近辺に少数分布する」場合である。

【例】 LAJ二一図「粗い」/ウスイ

図3を見ると、全国的には「アライ」が優勢で、大きな分布を築いている。その中で、ところどころ、「デカイ」「イカイ」などの特徴的な語形のまとまりが見られる。被災地域の特徴的な方言「ウスイ」も「アライ」に囲まれるようにして宮城県南三陸町に存在する。ただし、津波の浸水地域に重ならなかった内陸の宮城県登米市中田町・東松島市鳴瀬町の調査地点でも回答されている(被災地域以外に見られる、被災地域の特徴的な方言と同形の方言を、地図中では●で示す)。このように、被災地域とその周囲にわずかに見られる方言を①Bに分類した。この方言は全国を見渡しても他の地域には見当たらず、仮に被災地域での使用がなくなると、内陸に二地点のみというわずかな分布に陥り、ひいては消滅の危機が予想される。

さて、ここまで取り上げたいくつかの例は、いずれも津波の被害が大きかった地点に危機的な方言がある例だったが、ここでもう一つ、①Bに分類される事例で、特に原発の避

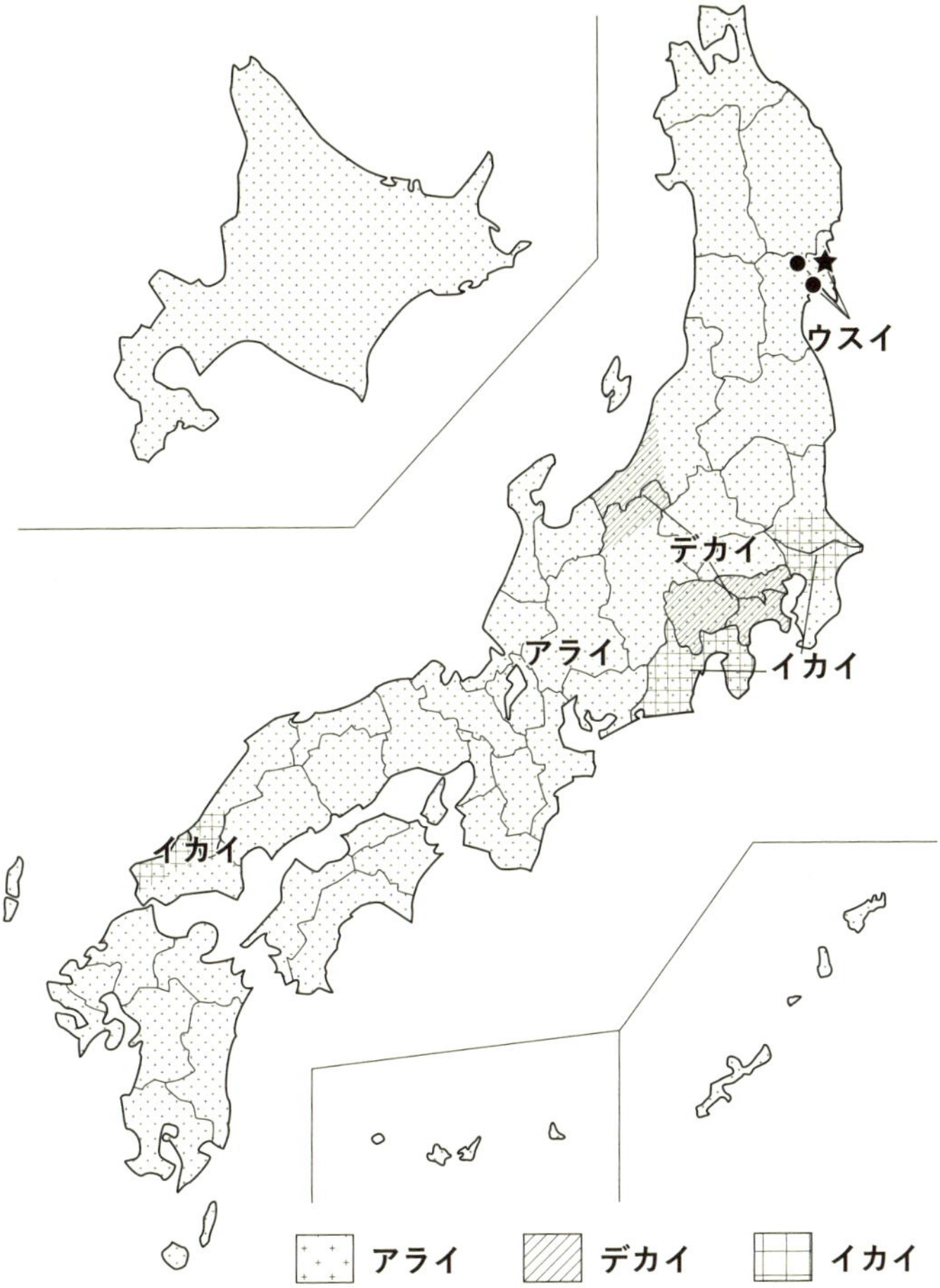

図３　LAJ21 図「あらい(粗い)」の分布略図

難区域であることの影響を受けて危機的な状況に陥る方言の例を紹介しよう。

・ＬＡＪ一九八図「もり（森）」／「カコイ・エグネ」（宮城県七ヶ浜町）

ＬＡＪ一九八図では、全国的には「モリ」が優勢で、大きな分布を築いている。その中で、本土周縁の、青森県・秋田県、宮崎県・鹿児島県に、それぞれ「ハヤシ」、「ヤマ」などの特徴的な語形のまとまりが見られる。

そういった分布の中で、東北地方には、「モリ」に囲まれるようにして、特徴的な方言「エグネ」／「カコイ」の二種が、福島県の東部にまとまって分布する。この方言は、分布が確認されている調査地点のうち多くが、原発の避難地域の範囲に位置している（福島県南相馬市、浪江町、双葉町）。仮に、これら被災地の調査地点での使用がなくなると、それぞれ、他の地域には「エグネ」三地点、「カコイ」一地点のみというわずかな分布に陥り、消滅の危機が予想される。このように、津波ばかりでなく、原発の被害も、方言の危機に影響を及ぼしている。

①Ｂに分類されるものには他に次のようなものがある。

・ＬＡＪ九五図「〈雷が〉落ちる」／「トゲラレル」（宮城県七ヶ浜町）

・ＬＡＪ一四四図「竹馬」／「アシカケ」（岩手県大槌町）

・ＬＡＪ二五四図「じゃがいも」／「ツルガイモ」（岩手県大槌町）

・GAJ五七図「誰やら来た」／「ダレダンダガ」（青森県階上町）
・GAJ一七八図「起きろ（きびしく）」／「オキライン」（宮城県気仙沼市）

なお「オキライン」という言い回しは「起きて下さい」といった、丁寧な言い回しで、調査で指定された「きびしく」という場面の条件を抜けば、もっと広い地域で用いられていると予測される。したがって、その意味で方言語形が消滅の危機に至るとは判断しがたいが、ここでは「きびしく」という場面設定でも数地点分布するという、その用法上の特徴が消滅の危機にあるという点を鑑み、ここに取り上げた。

先に、〝東北各地の「～べ（ぺ）」がすべて同じ意味だという保証はなく、被災地の「～べ（ぺ）」が他の地域と異なる特別な意味をもっているかもしれない。そうなると、「～べ（ぺ）」が他の地域にあるからといって、安心してはいられないのである。〟という説明をしたが、ここに見られる「きびしく」の場面で数地点出る「オキライン」はまさにこのような例のあり方を示していると言える。

②Aに分類される方言

次に取り上げるのは、②Aのパターン、すなわち、被災地域に分布する方言が、「他地域にも離れて分布し、その他地域が東北地方である」場合の例である。

【例】ＬＡＪ二四五図「きのこ」／モダシ

図4を見ると、全国的には、東日本では「キノコ」が優勢で、西日本は「タケ」、「コケ」などいくつかの方言がまとまった分布を築いている。被災地域の特徴的な方言「モダシ」は、「キノコ」に囲まれるようにして、宮城県亘理(わたり)町に存在する。また、被災地以外では、「キノコ」の分布を挟んで、山形県の日本海側に存在する。その意味で②Ａに分類したが、亘理町の「モダシ」が孤立的であるだけでなく、日本海側の「モダシ」も二地点のみと、極めて劣勢である。

これらの「モダシ」は海路によって西から伝わったか、あるいは、「キノコ」が浸透する以前に東北で行われていた語の残存か、はたまた偶然による同形の発生か、この資料だけからでは断定できないが、このように、東北地方の周縁部に離れて分布することで、いくつかの可能性を考えることができる。仮に被災地域での使用がなくなると、日本海側の二地点のみというわずかな分布に陥り、消滅の危機が近づくとともに、方言分布の解釈の幅も限定されてしまう。

②Ａに分類されるものには他に次のようなものがある。

・ＬＡＪ二一九図「ひきがえる（蟇・蟾蜍）」／「フクダガエル」（**宮城県亘理町**、青森県下北半島・岩手県北部）※特に**被災調査地点は分けてゴシック体**で示す。

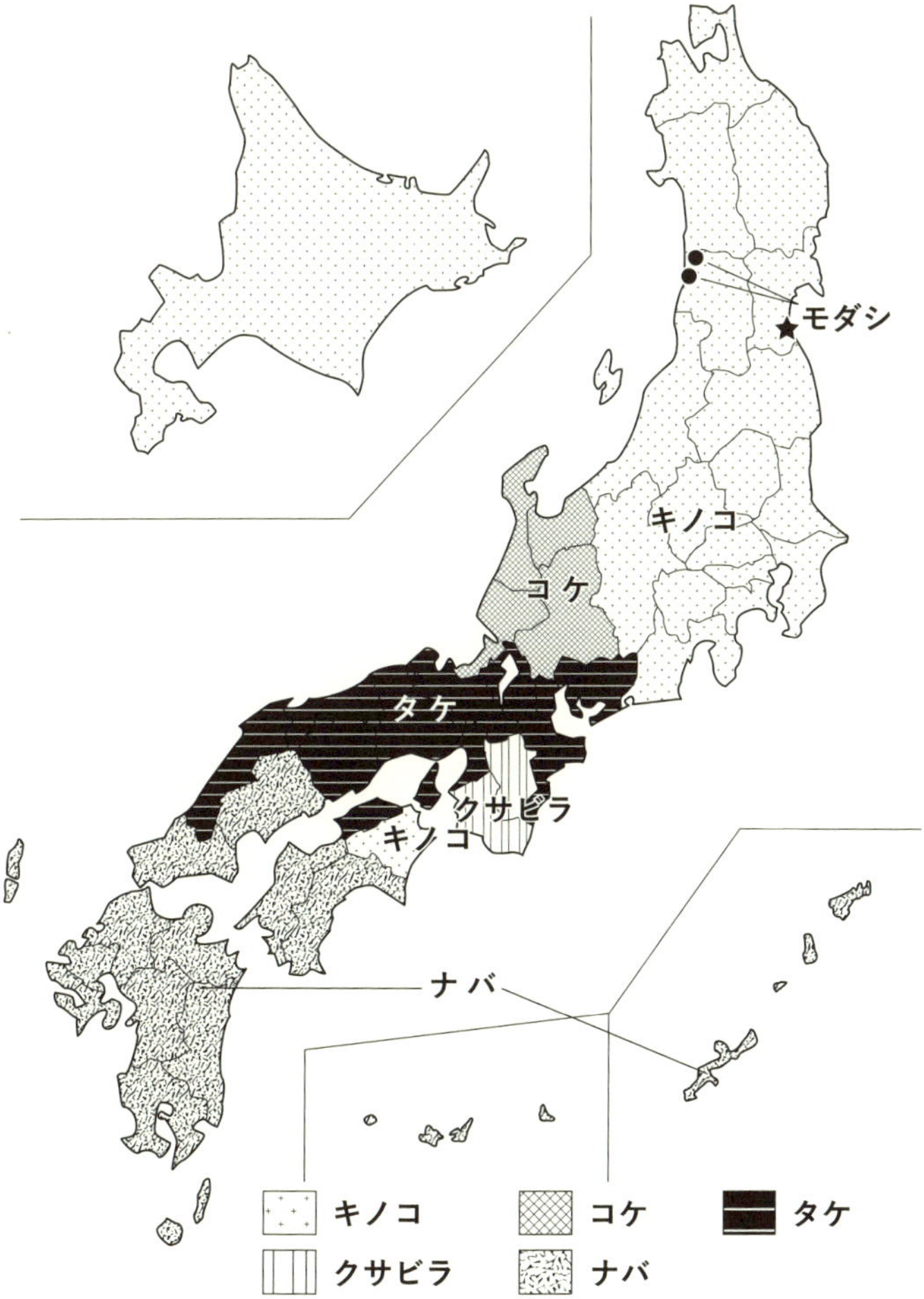

図４　LAJ245図「きのこ（茸・蕈）」の分布略図

・GAJ二〇五図「読んでしまった」／「ヨミアゲタ」（**宮城県亘理町**、秋田県南部）

・GAJ二九九図「行きなさい（非常にていねいな場面、敬語動詞につづく語尾）」／「〜タンセ」（**岩手県釜石市**、秋田県）

②Bに分類される方言

次に取り上げるのは、②Bのパターン、すなわち、被災地域に分布する方言が、「他地域にも離れて分布し、その他地域が東北地方以外である」場合の例である。

【例】LAJ八七・八八図「せき（咳）をする」／イキ

「咳をする」の方言地図は、原図では「咳を」に当たる部分の方言地図（八七図）と、「する」に当たる部分の方言地図（八八図）に分けられている。なお、「セク」、「タゴル」のように、「咳」に当たる名詞部分がなく、一語の動詞として表現される場合は、「する」の地図（八八図）に示されている。本章では両地図を重ね合わせ、八八図に示される動詞部分の語形を（　）でくくって表した。ここでは特に「セキ」などの名詞部分に注目されたい。

図5を見ると、全国的には、「セキ」が優勢で、東北地方の一部で「シワブキ」が見ら

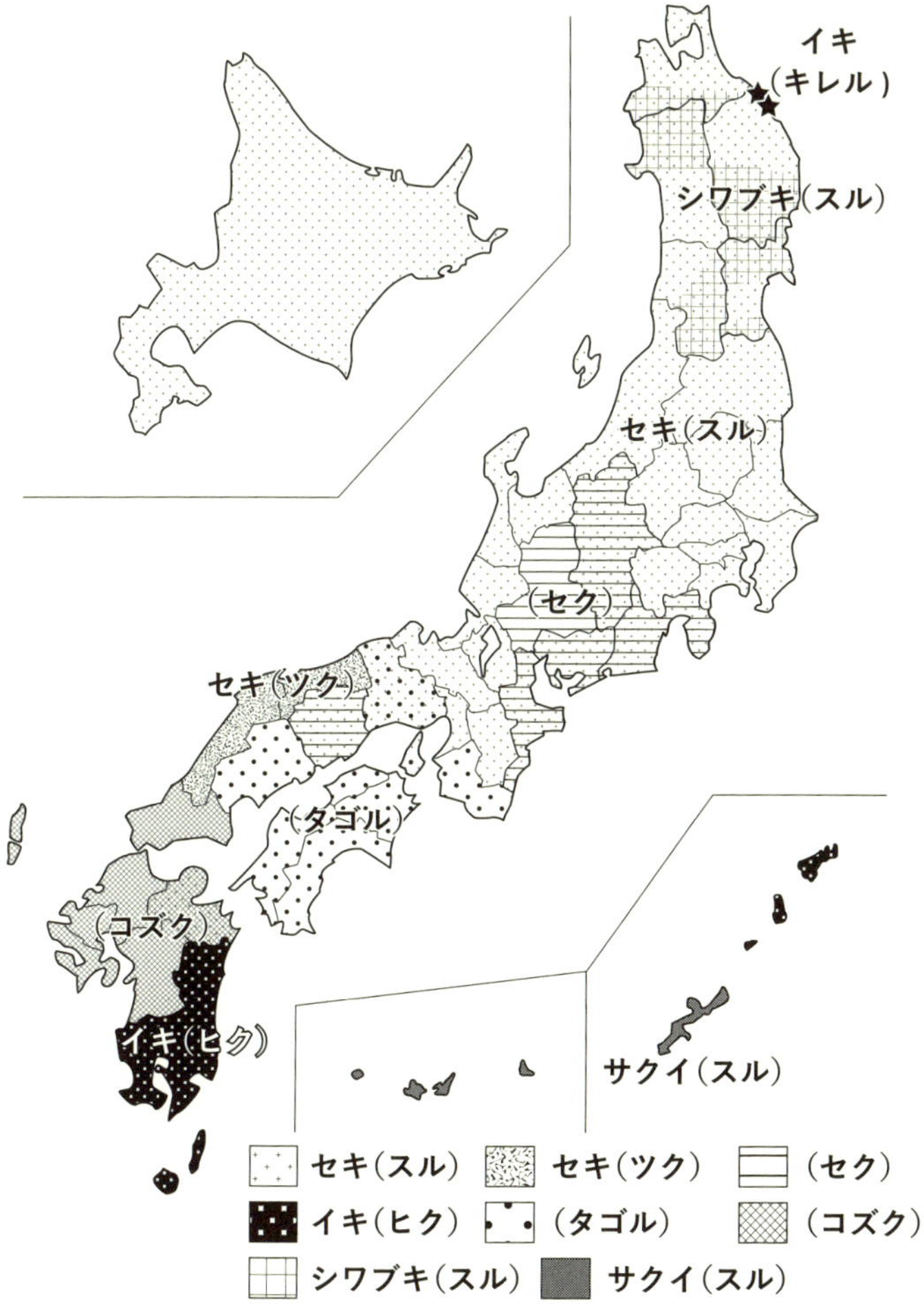

図５　LAJ87・88図「せき(咳)をする」の分布略図

れる。そして、被災地域の特徴的な方言「イキ」は、「セキ」「シワブキ」に隣接して、岩手県北東部に二地点だけ存在する。一方、被災地以外では、宮崎県・鹿児島県に「イキ」が存在する。このような分布状況から、「イキ」は②Bのパターンに分類した。九州の「イキ」は一定の分布領域をもつものの、東北からは遠く離れており、被災地域の「イキ」は孤立的な状態にあると言える。

なお、「イキ」の分布は東西の周縁部に対応する方言が存在する特徴的なもので、方言地理学では、このような分布をして「周圏分布」の可能性を考えることがある。「周圏分布」とは、かつて文化の中心地で生まれた言葉が順次周囲に伝わっていくことによってできる、同心円的な言葉の層の分布のことを指す。つまり、中心地から離れた地域で東西に対応する方言の場合、それはかつて中心地にも存在した古い言葉として捉えられるわけである。その点で、被災地域に分布する「イキ」は周圏分布の解釈の要となるものであり、その消滅は方言の歴史を推定する手がかりが失われることをも意味する。

②Bに分類されるものには他に次のようなものがある。

・LAJ三八図「〈塩味が〉うすい」／「ミズクサイ」（**宮城県南三陸町**、大阪・京都を中心とした近畿地方広域、宮崎県東部海岸部）

・LAJ一四四図「たけうま（竹馬）」／「タカゲタ」（**宮城県石巻市**、長崎県一部地

域）

・ＬＡＪ二二六図「へび（蛇）」／「クチナワ」（**宮城県気仙沼市**、近畿地方・中国地方・九州地方北部）

・ＧＡＪ八九図「蹴れ（命令形）」／「ケッタグレ」（**岩手県山田町・宮城県気仙沼市・**南三陸町・女川町・石巻市、高知県南部海岸部に数地点ほか）

・ＧＡＪ一九七図「いるか」／「オル」系（「オリャンダガ」**岩手県山田町**、「オルカアイ」**岩手県宮古市**、「オル」中部地方以西の広域）

②Ｃに分類される方言地図

最後に取り上げるのは、②Ｃのパターン、すなわち、被災地域に分布する方言が、「他地域にも離れて分布し、その他地域が、東北地方に加え、東北地方以外でもある」場合の例である。

【例】ＬＡＪ二一五図「とさか（鶏冠）」／ヤマ（コ）

図６を見ると、近畿地方から関東地方、北海道で「トサカ」が広い分布を示しているが、それ以外は多種多様な表現が分布している。西日本は「エボシ」、「カブト」と頭にかぶ

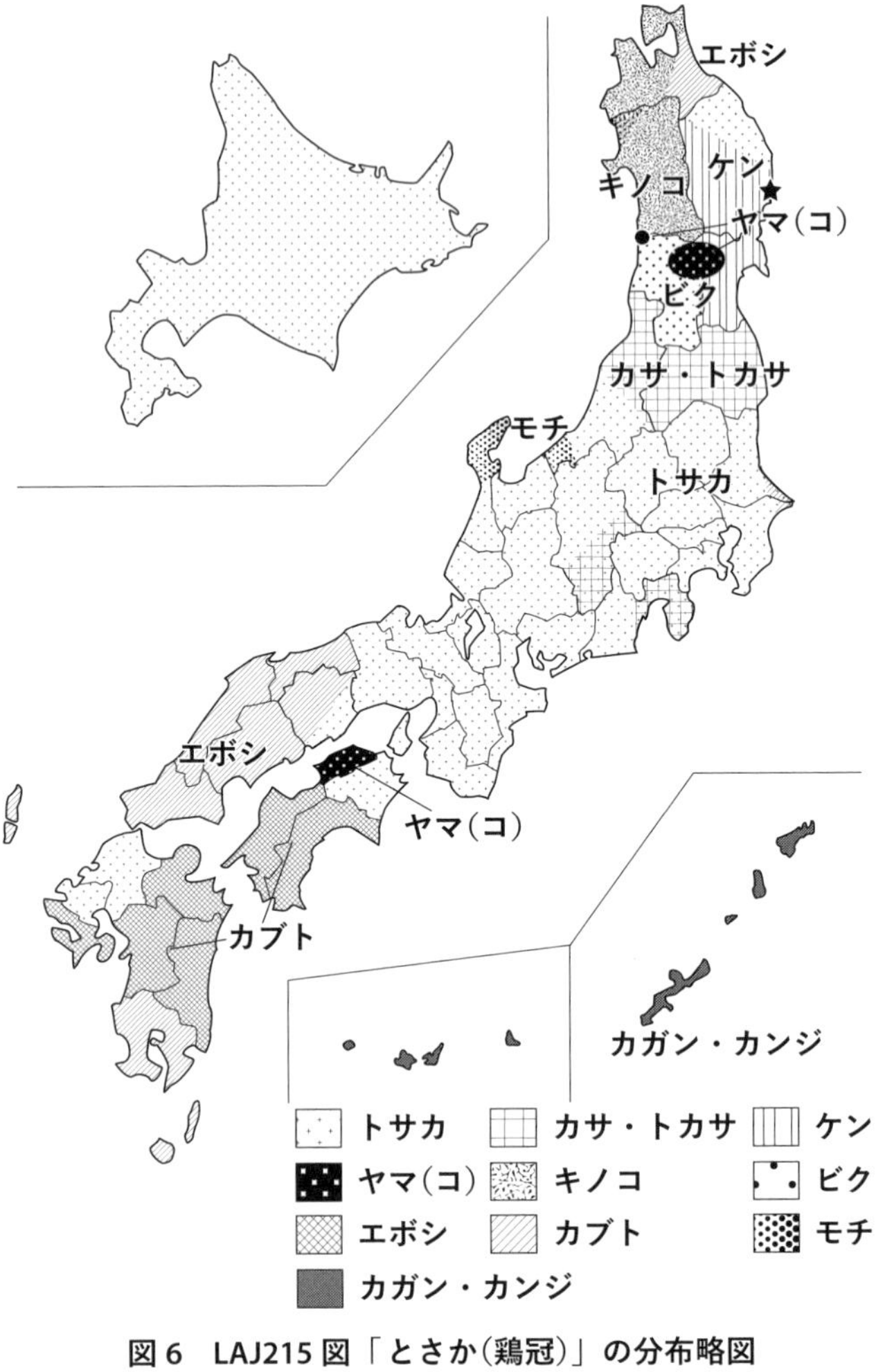

図6　LAJ215図「とさか(鶏冠)」の分布略図

るものの名称が優勢なのに対し、特に東北地方で様々な表現が入り乱れるように分布する点は興味深い。

その中で、被災地域の特徴的な方言「ヤマ（コ）」は、岩手県大船渡市三陸町に見られる。そして、被災地域以外では、宮城県北西部から山形県北東部にかけての内陸の地域一帯と、山形県北西部海岸近くの遊佐町にも見られる。そして、さらに興味深いことに、遠く離れた四国地方の香川県にもまとまった分布を築いている。このように、「ヤマ（コ）」は、東北の他地域および東北以外にも見られるので②Ｃのパターンに分類した。同じ東北地方の中にも分布は存在するものの、互いに離れた地域であるため、被災地域の「ヤマ（コ）」は孤立的で消滅に向かう恐れがある。

それにしても、鳥の頭についた部分を「ヤマ」と呼ぶのは極めて素朴な発想で、東西で自然に発生した可能性もあるが、「トサカ」を挟んで対称な位置にあることは、周圏分布の解釈の可能性を窺わせる。東北地方の複数個所に分かれて分布が見られるのも、自然発生以外の成立であることを示唆する。その点で、被災地域の「ヤマ（コ）」は貴重である。

②Ｃに分類されるものには他に次のようなものがある。

・ＬＡＪ三十六図「こげくさい（焦げ臭い）」／「コビツケクサイ」（**宮城県石巻市、**山形県西部沿岸部、静岡県・山梨県・新潟県・長野県などの一部地域）

・LAJ一〇五図「ふけ（雲脂）」／「ウロコ」（**宮城県七ヶ浜町**、山形県・福島県に少数、宮崎県・鹿児島県・沖縄県）

・LAJ二四〇図「すみれ（菫）」／「カンコバナ」（**岩手県宮古市**、秋田県北部、福島県西部、新潟県北部に1地点ずつ）

・GAJ一七五図「着ることができる（能力可能）」／「キエエルヨ」（**岩手県田野畑村**、青森県・福島県の一部地域、静岡県ほか）

四・三　分布パターンの量的傾向

さて、これまで危機的な方言の分布パターンの分類別に、具体例を見てきた。次に問題となるのは、LAJ、GAJ合わせて六五〇枚に及ぶ地図のうち、①A〜②Cのパターンに分類される被災地の方言がそれぞれどれほどなのかということだろう。

そこで、分類ごとの危機的な方言の集計を取ってみると、**表1**のようになる。

まず、GAJの集計結果では特徴的な語形の総数が三五四と、LAJに比べてかなり多いことが注目される。ただし、これは、GAJの調査地点がLAJの約三分の一と少ないために、見掛け上、GAJの方に孤立的な分布が現れやすいことによる面が大きい。

このような点も踏まえた上で、ここでは被災地の方言の総体的な特徴を掴むため、両地図

表1　特徴的な語形の分類別集計表

被災地域に分布する方言語形が	分類	LAJ	GAJ	総計
		言語地図の種類		
⇒①被災地域に特有の語形である場合				
A.　被災地域内にのみ分布する場合	①A	45 (36.0%)	98 (27.7%)	143 (29.9%)
B.　被災地域内とその近辺に少数分布する場合	①B	24 (19.2%)	119 (33.6%)	143 (29.9%)
⇒②他地域にも離れて分布する場合				
A.　他地域が東北地方の場合	②A	20 (16.0%)	6 (1.7%)	26 (5.4%)
B.　他地域が東北地方以外の場合	②B	19 (15.2%)	113 (31.9%)	132 (27.6%)
C.　他地域がA・B両方の場合	②C	17 (13.6%)	18 (5.1%)	35 (7.3%)
	総計	125 (100%)	354 (100%)	479 (100%)

の総計の欄について見てみよう。

LAJとGAJを合わせた場合、①A、①B、②Bが同数程度あるが、この中で特に重く見なければならないのは、被災地にのみ存在する方言の分布を示す①Aが非常に多いという点である。これは、被災地の方言が、日本全国の方言を見渡しても独特な特徴を多く持つということを意味するものである。これらの方言が震災の影響で急速に消滅の危機に陥る恐れが出て来ている。言語の多様性の記録・保存という意味でも、被災地の方言への対応に緊急を要する所以と言える。

また、②Bがそれに次いで多いことも注目に値する。このパターンは東北以外の地域に同様の方言が存在する場合だが、被災地自体の方言は周囲と異なり、孤立的な状況を呈している。さらに、②Bの事例は方言地理学的に見ても重要である。すなわち、このパターンの数値は、周圏論的解釈の可能性を促すような方言が、数多く被災地に存在することも意味するからである。

さて、このように被災地に危機に瀕する重要な方言が数多くあることが分かった。しかし、東北地方だけの範囲でも南北約四〇〇キロに及ぶ被災地すべての地域の方言に、迅速かつ一斉に対処をすることは、現実には困難である。そこで、優先順位を決めて順に取り組んでいくためにも、どこの地域に早急に対処するべきか見出す必要がある。そこで次節では、県別、市町村別、地点別などのより細かな単位で分析を行い、どの地域に危機的な方言が多いのかを見ていく。

五　地域別に見た危機的方言

五・一　ＬＡＪから見る

まず、主に方言の語彙項目の地図を収録したＬＡＪについて、県別、市町村別、地点別に前節の方言分類の集計結果を見てみよう。被災地における危機的な方言の数を地域・地点ごとに集計すると次のようになる。

表 2a　被災地域の特徴的語形数集計(地点別)

地名	①A	①B	②A	②B	②C	総計
青森県	4	1	1	1	1	8
階上町道仏	4	1	1	1	1	8
岩手県	21	7	11	7	8	54
洋野町種市	8	1	3	2	3	17
宮古市宮古	6		5	3	2	16
大槌町桜木町	2	3		1		6
大船渡市三陸町	2	1		1	2	6
陸前高田市高田町	2	2			1	5
岩泉町茂師			2			2
宮古市田老	1		1			2
宮城県	12	10	5	9	7	43
気仙沼市内ノ脇	1	4	2		2	9
亘理町荒浜	2	1	2	1	1	7
七ヶ浜町松ヶ浜	3	2		1	1	7
石巻市門脇町	3				2	5
石巻市長面		2		2	1	5
岩沼市押分	2			2		4
南三陸町歌津馬場		1		2		3
女川町鷲ノ神浜	1		1	1		3
福島県	8	6	3	2	1	20
南相馬市原町区小浜	3	4		1		8
いわき市小名浜横町	3	1	1	1		6
楢葉町上繁岡	1				1	2
双葉町新山			2			2
浪江町昼曽根	1	1				2
計	45	24	20	19	17	125

表2aより、各県の対象方言の総数は、青森県で八個（六％：危機的方言総数に占める各県の割合）、岩手県で五四個（四四％）、宮城県で四三個（三三％）、福島県で二〇個（一六％）となっており、とくに、宮城県と岩手県の調査地点に多くの危機的方言が存在していることが分かった。また、市町村別の集計では、宮古市と洋野町がそれぞれ、一八個、一七個と、他市町村に比べてかなり多い。

ところで、危機的な方言の多い宮城県、岩手県の二県でも、その散らばり具合の点では差があるということが、市町村別の集計（**表2b**）に注目した時にわかる。岩手県は、宮古市、洋野町が、それぞれ一八個、一七個であり、同県内でそれに次ぐ数を示す大槌町の六個に比して倍以上の値となっている。

一方、宮城県は、特徴的な語形の総数が四三個と、岩手県に次ぐほど多いが、一番数値の高い石巻市でも一〇個ほどであり、次いで、気仙沼市の九個、亘理町・七ヶ浜町の七個と、散らばり方が均等である。

これは、宮城県の危機的な方言が、県内の各市町村に比較的均等に散らばっているのに対し、岩手県では、特定の地域に偏って分布すると読み取ることができる。この点、両県の危機的な方言の分布の仕方の違いと認めてよいだろう。

さらに、より細かい単位に注目した時にも、岩手県の分布傾向を特徴づける興味深いこ

表 2b　被災地域の特徴的語形数集計（市町村別）

市町村名	①A	①B	②A	②B	②C	総計
宮古市	7		6	3	2	18
洋野町	8	1	3	2	3	17
石巻市	3	2		2	3	10
気仙沼市	1	4	2		2	9
南相馬市	3	4		1		8
階上町	4	1	1	1	1	8
亘理町	2	1	2	1	1	7
七ヶ浜町	3	2		1	1	7
大槌町	2	3		1		6
いわき市	3	1	1	1		6
大船渡市	2	1		1	2	6
陸前高田市	2	2			1	5
岩沼市	2			2		4
南三陸町		1		2		3
女川町	1		1	1		3
浪江町	1	1				2
双葉町			2			2
楢葉町	1				1	2
岩泉町			2			2

とが分かる。先に観察された宮古市の一八地点の内訳でも、**表2a**の集計を見て分かる通り、宮古市田老の二個に対しての宮古市宮古の一六個、と、極端な偏りがみられる。つまり、三陸地方沿岸部は、特徴的な方言が狭い地域に集中して分布するということであり、これらの地域の方言の記録・保存を行う上では、そのような狭い地域に分布する危機的方言を逃さないためにも、細やかな地点設定の対応を考えなければならない。

五・二　GAJから見る

次に、方言の文法項目の地図を収録したGAJについて、県別、市町村別、地点別に危機的な方言の集計結果を見てみよう。**表3**をご覧いただきたい。

各県の危機的な方言の総数は、青森県で一一個(三%：危機的方言総数に占める各県の割合)、岩手県で一四一個(四〇%)、宮城県で一七一個(四十八%)、福島県で三一個(九%)となっており、とくに、宮城県と岩手県の調査地点に多くの危機的方言が存在していることが分かった。LAJと比べると、岩手県、宮城県の順番が逆転したものの、全体の比率はほぼLAJと同じと捉えてよいだろう。

また、市町村別に見てもLAJとGAJの共通点が浮かび上がっている。すなわち、宮古市は、危機的方言の数が**表3**で三五個と上位にあるが、LAJの**表2**でも上位に来ている地域であり、語彙でも文法でも危機的な方言が多く分布する地点として認められる。また、洋野町もLAJで一五個、GAJで二〇個と、語彙面・文法面双方で少なくない数の危機的方言が分布する。方言学的な見地からは、このような地域(宮古市・洋野町など)の調査がとりわけ強く求められるものと考えられる。

しかし、GAJとLAJの結果の違いも見られる。正確に言えば、GAJとLAJで調査地点が違うので、その点に留意すべきかもしれないが、市町村などのおおまかな

表3　県別、地点別の特徴的語形数集計

地名	①A	①B	②A	②B	②C	総計
青森県	1	7	0	3	0	11
八戸市白金	1	7		3		11
岩手県	42	34	3	52	10	141
宮古市愛宕	9	9		15	2	35
山田町大沢	6	3	1	16	4	30
釜石市松原町	15	7	2	4		28
田野畑村菅の窪	12	4		10	2	28
洋野町種市		11		7	2	20
宮城県	49	61	3	51	7	171
気仙沼市東八幡前	29	16	1	16	2	64
南三陸町志津川	9	16		8		33
亘理町荒浜	4	10	2	12	2	30
石巻市新中里	4	11		10	1	26
牡鹿町鮎川浜大子	3	8		5	2	18
福島県	6	17	0	7	1	31
小高町仲町	4	6		3		13
楢葉町前原		5		2		7
相馬市中村北町	2	2			1	5
いわき市植田町		2		2		4
いわき市久之浜町		2				2
計	98	119	6	113	18	354

「地域」という基準で比べた場合、GAJとLAJとでは上位にくる地域の順番などに違いがあることが分かる。

例えば、**表3**を見てわかるとおり、GAJでは気仙沼市が六四個と、二位の二倍近くの値を示している。回答者の個人的な特徴が現れた可能性も考えなければならないが、それにしても注目すべき結果である。また、LAJの歌津馬場と、GAJの志津川は、同じ南三陸町に属する近隣地域でありながら、危機的方言の数はＬＡＪでは三個であるのに対し、ＧＡＪでは三三個とかなりの開きを見せている。つまり語彙面からだけだと、危機的方言が多く分布する地域とは認めがたいが、文法面に目を向ければ、まさにそのような特徴を持つ地域と判断されるということである。

このことは、語彙と文法とで危機的方言の地域的現れ方に違いがあることを示唆する。それらの記録・保存については、多様な側面からの検討を行った上で、その必要性を判断することが肝要だということである。

六　課題と今後への提言

本章では方言地理学的な立場から、ＬＡＪとＧＡＪを使い、被災地における危機的な方言の状況を検討してきた。被災地の方言の中には、他の地域にまったく見られないものや、見られたとしても遠く離れた地域であるものが数多く存在することが明らかになった。このことは、被災地の方言が、全国の中で独特の位置を占めることを示唆するものである。また、それらの方言は、周圏分布の解釈が適用されたり、西方との海路によるつながりを想像させたりするものが多く、歴史的にも注目されるものであった。

さらに、個々の方言の分布状況を総合することで、危機的な方言の地域的傾向についても考えた。その結果、とりわけ、岩手県と宮城県の被災地に危機的な方言が多いことがわかった。特に、岩手県の宮古市と洋野町などは、ＬＡＪとＧＡＪの双方で危機的な度合いが高いという結果が得られた。

このような特徴は、地域の環境的特徴と突き合わせて、その背景を考えることができるものであろう。例えば、三陸地方沿岸部地域と内陸部の間の一帯は、北上高地が存在し、内陸の主要街道との交通が阻まれている。そのため、海岸部の主要都市それぞれは、南北の距離で近い位置にあるにも関わらず、遠野街道、釜石街道、宮古街道、野田街道などのお互いにつながりを持たない東西の道で内陸部に移動し、内陸を南北につなぐ奥州街道を経由して、やっとそれぞれの都市への街道に至るという通行を余儀なくされていた。すなわち、人の行き来を自由に許すほどに、交通網が十分に発達していなかったと捉えられるのである。そういった、ことばを運ぶ人の流れを限定する不自由な交通という地域的事情が働いて、他地域に比較して、それぞれの海岸部の都市で独自の方言が行われるようになったものと推定される。

しかしながら、全般的に見た場合、語彙と文法とでは異なった傾向が現れたこともあり、一概にどこの地域の方言が危機的であるということはできない。さらに言えば、今回の試みはＬＡＪとＧＡＪを資料としたものであり、語彙と文法の一部を資料としたにすぎない。例えば、語彙については、漁業語関係の言葉など、ＬＡＪが対象としていない分野を取り上げればまた異なった傾向が見られたかもしれない。さらに、語彙・文法以外の分野、すなわち、音韻やアクセント・イントネーション、あるいは言語行動や談話といった分野に視野を広げればどうなるかという問題もある。アクセントで言えば、岩手県北・中部の沿岸地域に展開する「重起伏調」と呼ばれるアクセントは全国的に見ても独特なものとして知られている。それらの総合的な検討から、方言の危機的状況を把握する必要があろう。

こうした課題は残るものの、あらためて今回の作業に戻って言えば、被災地の方言の中には他の地域に見られない独自のものが豊富に存在することは間違いない。そうした孤立的な方言は、ただでさえ共通語化による衰退が進む中で、このたびの大震災によって大きな打撃を受ける恐れがある。そのことは、同時に、地域の文化の歴史的背景を考える手がかりが失われてしまうことでもある。

被災地の方言の記録や継承の取り組みがいかに重要で急を要するかは、あえて語らずとも自明のことと言えよう。

【コラム　被災地の方言を知ろう！】１　方言の位置づけ

東日本大震災の被災地は広範にわたっています。青森県から千葉県にいたる太平洋沿岸では津波の浸水被害があり、少なくともこの一帯は被災地と考えられるでしょう。被災地が広範にわたるわけですから、そこで用いられていることばは当然のことながら等質のものとは言えません。それぞれ隣り合った地域とは連続的な面を見せるでしょうが、やはり千葉県の人が青森県の人のことばを聞いて「同じ方言を話している」とは思わないはずです。

ここで、どの地域のことばが似ているのか、その地理的なまとまりを示すものとして、方言区画を挙げておきます（**図１**）。これは、方言体系全体としてある程度似通ったものが存在する地域が区画として示されています。さまざまな研究者が区画案を出していますが、ここではその中でも代表的な東条操のものを挙げました。

この中で被災地に関係しそうなのは、東部方言の中の東北方言と関東方言です。東北方言は北奥方言と南奥方言の二つに分かれます。具体的には、北奥方言は青森県、秋田県の全域と岩手県旧南部領、山形県庄内地方、新潟県下越地方がその地域で、南奥方言は、東北六県から上記の地方を除いた地域で用いられています。また、関東方言も東関東方言と西関東方言に二分されます。東関東方言は栃木県、茨城県で話されていて、西関東方言はそれ以外の関東地方（山梨県郡内地方を含む）ということになります。今、被災地に限ってみても、青

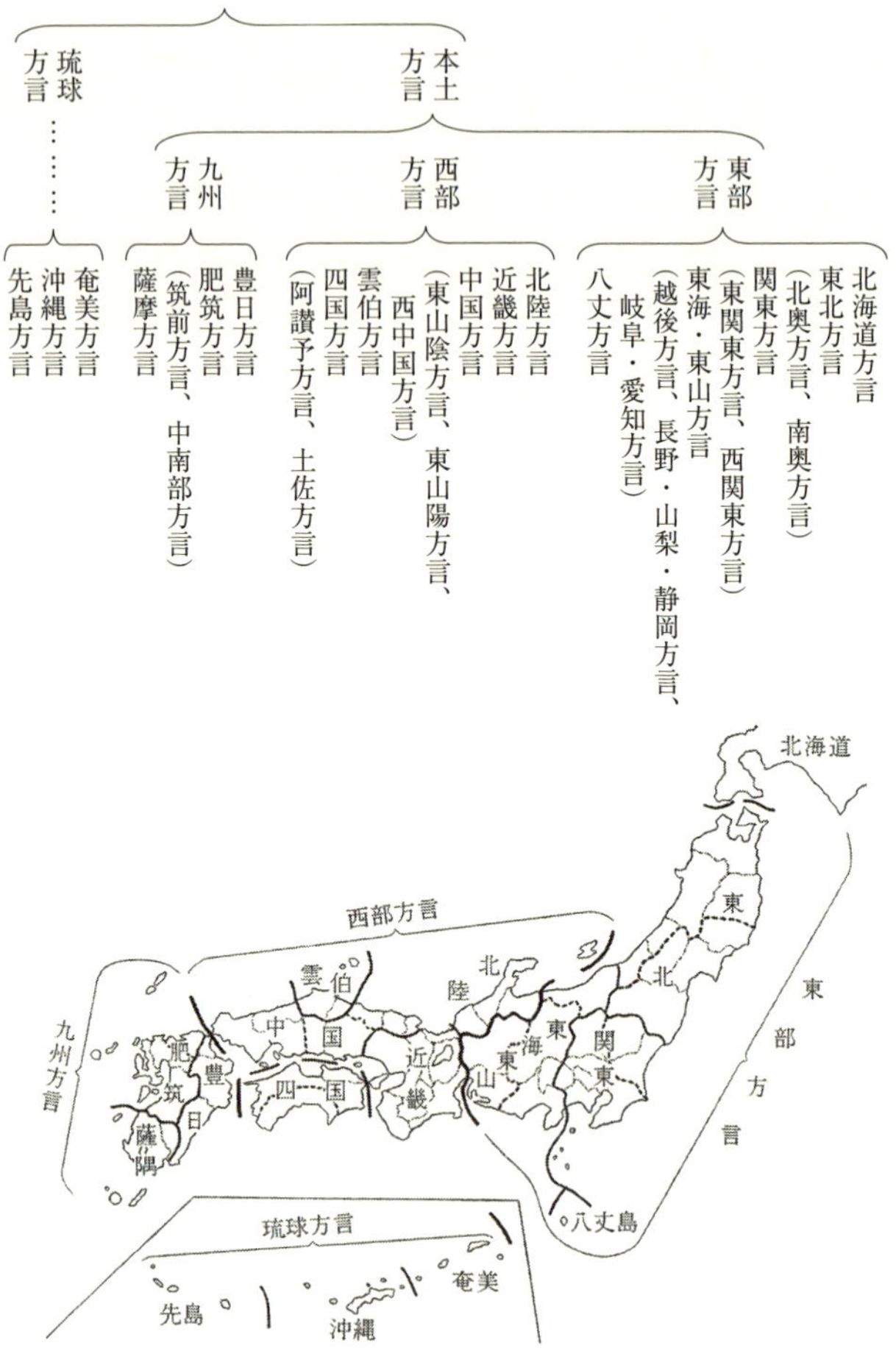

図1　東条操による日本の方言区画〔加藤(1977)より引用〕

森県、岩手県北中部は北奥方言、岩手県南部、宮城県、福島県は南奥方言、茨城県は東関東方言、千葉県は西関東方言となり、ここからもやはりさまざまな方言が話されていることがわかります。

今挙げた四つの方言区画は、北奥方言から西関東方言にかけて地理的にも言語体系としても連続しているわけですが、特徴としてはどのように異なるのでしょうか。

まず、北奥方言と南奥方言ですが、単語のアクセントの性質の違いがこれらを分ける一つのポイントとなっています。東京式と呼ばれる（または東京式に準ずる）アクセントの型を持つのが北奥方言であり、無型アクセントの地域、もしくは特殊アクセントと呼ばれる型を持つ地域（岩手南部〜宮城北部付近）が南奥方言の地域です（アクセントの項参照）。また、例えば東北にはジの音とズの音が同じ音になるという現象がありますが、おおむね北奥方言の地域ではジの音に近い発音となり、南奥方言の地域ではズの音に近い発音となることが知られています（発音①の項参照）。

関東方言の中で、東関東方言と西関東方言を分けているのもこのアクセントの有無です。東関東方言の地域である茨城県や栃木県は無型アクセント地域であり、南奥方言と連続的です（事実、この点をもって東関東方言を南奥方言に組み込む研究者もいます）。南奥方言と東関東方言を画然と分ける基準はなかなか見つかりませんが、東条自身は「関東方言は東北方言につながるものであるが、特に東関東方言は南奥方言のすべての特色がほとんど発見される。ただすべての特色が希薄であり、特に鼻音の入り方が少いので東北方言という感じがなく、一方西関東と共通なものを多くもっているので関東方言に収める」(東条一九五四、四四-四五頁)と述べています。ただ、これにしても発音②の項の**図1**を見ていただくとわかるとおり、東北と関東を分ける線とはきれいには合致しません。とはいえ、近似的なものならいくつか存在します。例えば「捨てる」の意味で「ナゲル」を使うかどうかというものは、ある程度は南奥方言と東関東方言(あるいは東北方言と関東方言)の境界に使用域の境界が重なっていると見てもよいかもしれません(語彙②の項、**図2**参照)。

【文献・資料】

加藤正信(一九七七)「方言区画論」大野晋・柴田武編『岩波講座日本語一一　方言』岩波書店

東条操編(一九五四)『日本方言学』吉川弘文館

第2章　方言のこれからの記録に向けて

一　記録のための基礎作業

被災地には地域特有の方言が行われている。それらの重要な方言が、この震災の影響で一気に衰退の方向へ進むことが懸念される。前の章では、そうした問題について見てきた。被災地方言の記録は、一刻を争う状況にあると言える。今後は、記録のための計画を練り、現地での調査に着手しなければならない。

ただし、そうした作業に乗り出す前に、知っておかなければいけないことがある。それは、これまでどんな記録が作られてきたかということである。つまり、過去の研究の蓄積を把握することで、どんな分野の記録が不足しているか、どこの地域に記録が乏しいか、といった現状を理解することができる。そうした理解の上に立って作業を進めることが、効率的な記録にとって重要であると言えよう。

そこで、本章では、従来の研究の中で被災地の方言を取り扱った研究文献や資料がどの程度あるのかを調べ、その内容を検討することで記録の不足している分野、地域などを明らかにする。そして、それを踏まえて、特に震災地域における方言の記録のために、今後どのような取り組みを行っていけばよいのか考えていきたい。

二　調査の方法

被災地の方言研究の現状を把握するために、まずは被災地の方言を取り上げた文献や資料を既存の方言文献目録である日本方言研究会編『二十世紀方言研究の軌跡　文献総目録』（二〇〇五、国書刊行会）や国立国語研究所編『国語年鑑』（一九五四〜二〇〇八、秀英出版・大日本図書、二〇〇九年版はＷｅｂのみの公開）、インターネット上の学術文献データベースである「CiNii（Nii論文情報ナビゲータ）」（http://ci.nii.ac.jp/）や「国立国会図書館サーチ」（http://iss.ndl.go.jp/）等を用いて検索した。その結果、全体で七〇〇件程度の文献・資料があることがわかり、東北大学附属図書館、国立国語研究所図書館、国立国会図書館等でその内容について確認した。収集した文献・資料は可能な限り市町村単位で整理した上で、その内容について「音声／語彙／方言集／文法／言語行動／待遇表現／談話資料／その他」の八分野に分類し、目録の形にまとめた。

なお、それらの文献や資料は主として伝統的な方言についてのものだが、世代別調査やグロットグラム調査（地域差×世代差調査）など、方言の変容についての研究も含まれる。それらをあえて排除しなかったのは、そうした研究にも伝統方言についての記述が載ること、また、広い意味では変容する方言も記録の対象となりうると判断したためである。

また、この取り組みを始めた当初は被害状況が刻々と変化しており、特に人的被害の把握は困難な状況であった。そのため、本取り組みは地域に暮らす人々から生活の場を奪い、人々の移動を引き起こした津波被害と原発事故による被害に焦点を当てている。よって、ここで被災地というのは、青森県、岩手県、宮城県、福島県、茨城県、千葉県の、主に津波による浸水被害を受けた市町村と、東京電力福島第一原子力発電所事故に伴い、警戒区域、計画的避難区域、緊急時避難準備区域及び特定避難勧奨地点に指定された地域を含む市町村とした。

以上のようにして作成した目録を使い、被災地で今後どのような研究を進めていくべきか、ひいては方言研究界全体でどのような取り組みが必要であるかを検討した。なお、目録は東北方言研究センターが運営する「東日本大震災と方言ネット」(http://www.sinsaihougen.jp)で公開しているのでご覧いただきたい。

三　どんな分野の記録が足りないか?

被災地の方言の記録は、言葉の分野から見たとき、どのような状況にあるのだろうか。この点について、まず見ていこう。「音声/語彙/方言集/文法/言語行動/待遇表現/

表1　被災地域の研究概要（単位：件）

県	音声	語彙	方言集	文法	言語行動	待遇表現	談話資料	その他
青森	34	37	28	34	0	9	3	18
岩手	49	33	29	33	8	13	7	18
宮城	61	48	81	48	18	10	8	17
福島	37	30	42	29	1	14	1	29
茨城	9	23	14	7	1	1	4	5
千葉	16	40	47	19	1	2	6	5

談話資料／その他」の八分野ごとの研究件数を、青森、岩手、宮城、福島、茨城、千葉の各県で挙げたものが**表1**である。

表1では、例えば一つの研究文献や資料の中に音声、語彙、言語行動の内容が含まれていた場合、音声一件、語彙一件、言語行動一件というように数えている。このように、一つの資料の中で複数の分野を扱ったものは、分野ごとに一件として数えているため、各県の文献・資料の総数よりも合計は多くなっている。

表1から、全体的な傾向としては音声、語彙、方言集、文法といった基礎的な分野に記録が集中していることがわかる。特に、方言集は市町村史などに掲載されているものが数として多く、地元の人の手による記録も多くなっている。その反面、言語行動、待遇表現の記録は、そもそも研究の歴史が浅いことを反映して、まだ数は少ない。これは被災地域に限らず全国的にも同様の傾向を示すものと推察

される。

このように、分野によって偏りがあるということは、記録がまだ十分ではない分野があるということである。特に談話資料は、方言の会話をそのまま録音または文字化しているものであり、貴重な資料としての価値をもっているが、その数は十分とは言えない。特に、福島県は被害の大きかった地域であるにもかかわらず、これまでの談話資料の蓄積は極端に少ない。

なお、基礎的な分野であっても、茨城県や千葉県では音声や文法の文献が、語彙や方言集に比べて少なくなっている。茨城県では音声が九件、文法が七件と一桁である。これは茨城県における記録が沿岸部より内陸部に多いことが関係あるものと思われる。あるいは、共通語圏に近く、言葉もかなりの程度共通語化しているということから、方言としての記録が注目されなかったことも考えられる。ただし、今回の被災地という観点からいくと、基礎的な内容が足りないことは注意しなければならない。

四　どこの地域の記録が乏しいか？

次に、地域的な偏りの様子はどうだろうか。この点については、あらためて**表1**を見る

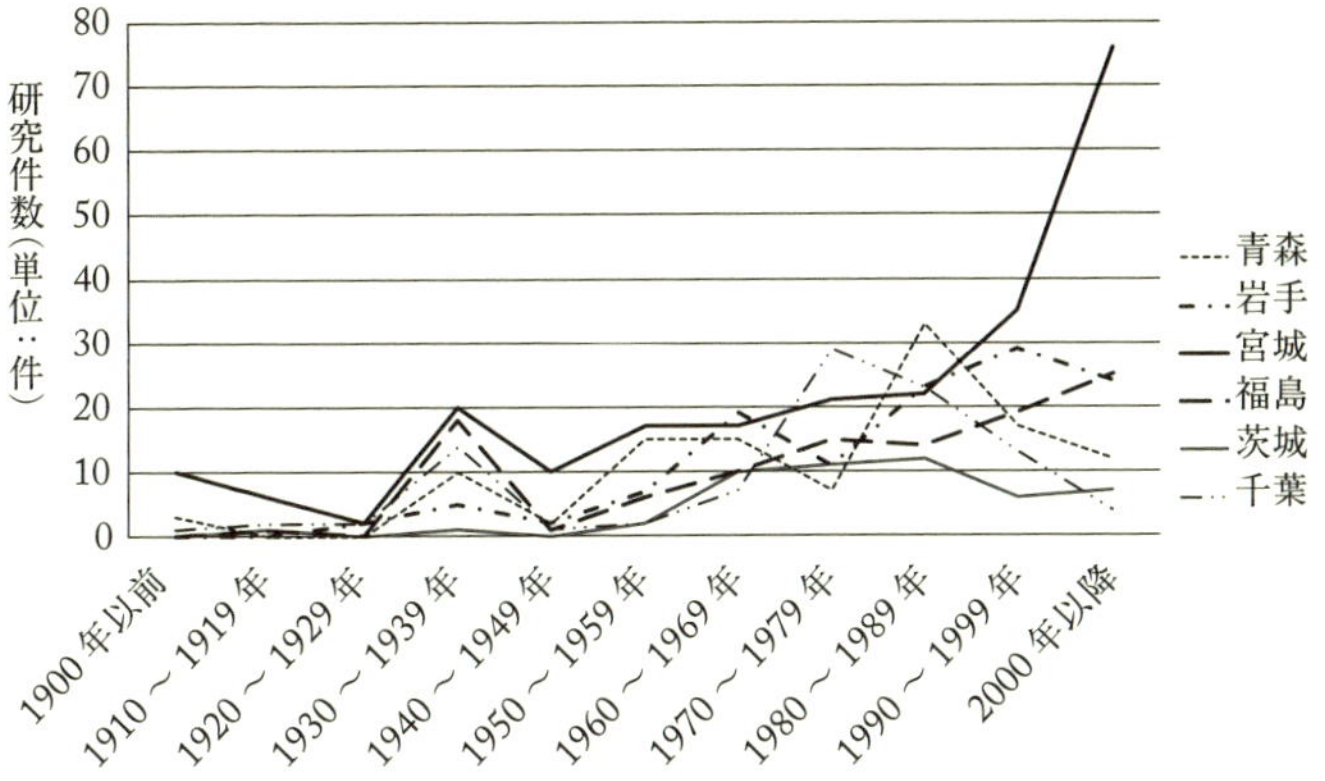

図1　被災地の研究件数の推移

と、宮城県の研究件数が特に多く、青森県、岩手県、福島県も一定の件数があることがわかる。一方、茨城県、千葉県は以上の県よりは少なく、特に茨城県に記録が乏しい様子が見て取れる。これは右でも指摘したように、茨城県、千葉県がそれ以北の地域に比べて、方言色が薄いと考えられていることに一つの原因がありそうだ。

記録の年代別推移についても見てみよう。**図1**は、今回取り上げている六県における、各年代での研究の件数をグラフ化したものである。**図1**のうち、青森県、茨城県、千葉県の三県は一九七〇年代～八〇年代をピークに研究件数が減少傾向を見せている。一方で、宮城県、岩手県、福島県においては、研究総数は年代とともに増加傾向にある。よりわかりやすいよう、宮城県と青森県の研究数の推移を示した図を**図2**、**図3**として示す。

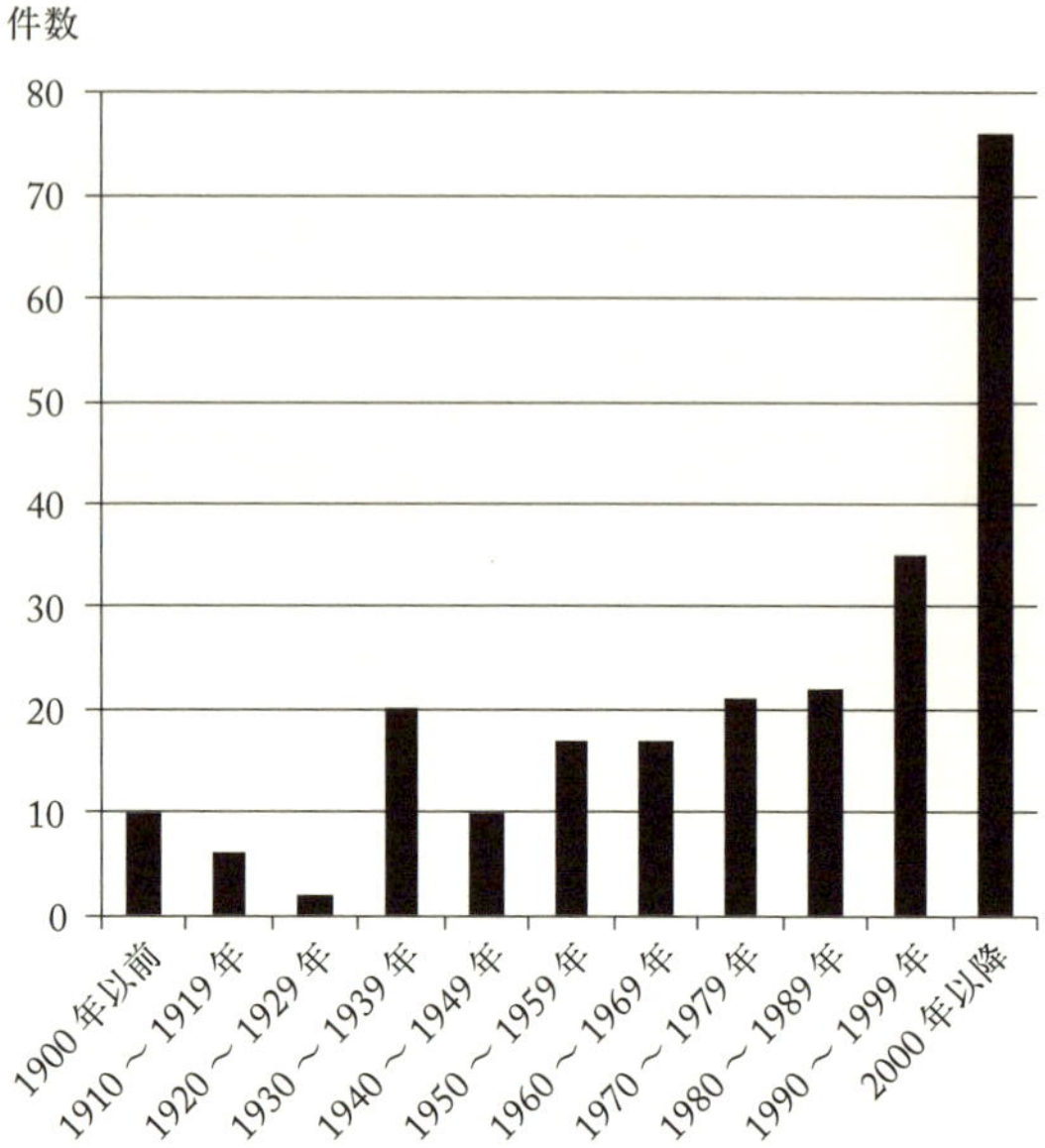

図 2　宮城県の方言に関する研究件数の推移

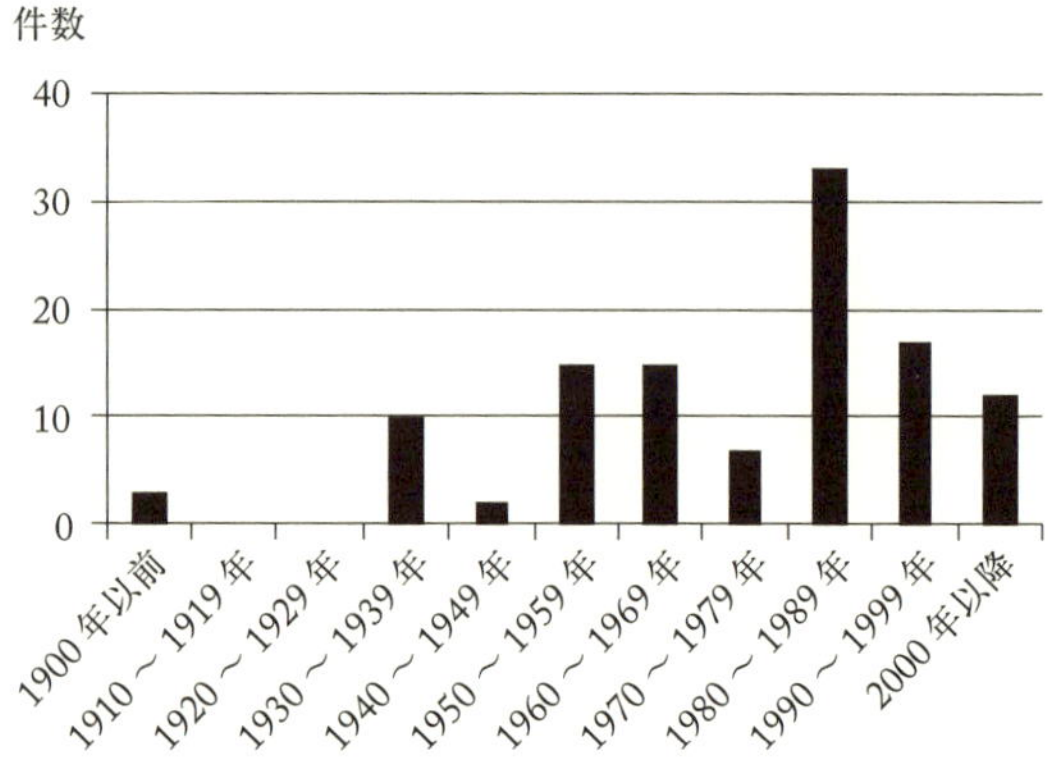

図 3　青森県の方言に関する研究件数の推移

これらの図から見ると、宮城県、岩手県、福島県は、比較的継続して記録が行われてきた地域であるとすることができる。対して、青森県、茨城県、千葉県は、近年、方言の記録活動が鈍ってきている地域であると言える。

ちなみに、特に今回の津波で最も広範囲に被害を受けた宮城県においては、近年の研究が大幅に増加している。これには幾つかの要因が考えられるが、一つには、東北大学方言研究センターほか、方言研究に意欲的に取り組んでいる組織や団体が多いことが影響しているものと思われる。

いずれにせよ、今回の震災に関してだけ見れば、岩手県、宮城県、福島県という被害の大きかった地域において、近年の方言研究が継続されていることは、今後の方言の記録へつながっていく動きがあるとみなすことができるのではないだろうか。

では、各県の研究を、さらにそれぞれの市町村別に見るとどうだろうか。**表2**は、今回の震災で主要な被災地域となってしまった岩手、宮城、福島の三県の市町村における研究件数である。

表2を見ると、市町村ごとに多少のばらつきがあることがわかる。三県の中でも件数の多い宮城県について見ると、市町によって研究件数の偏りが顕著にうかがえる。すなわち、気仙沼市、石巻市、仙台市に研究が多く、他地域の量を圧倒しているのである。特に仙台

表２　被災三県の研究状況について

岩手県		宮城県		福島県	
洋野町	18	気仙沼市	42	新地町	6
久慈市	22	南三陸町	18	相馬市	20
野田村	11	石巻市	45	南相馬市	24
普代村	10	女川町	7	伊達市	12
田野畑村	9	東松島市	9	飯舘村	3
岩泉町	12	松島町	11	川俣町	4
宮古市	34	利府町	8	浪江町	10
山田町	22	塩竈市	6	双葉町	7
大槌町	18	七ヶ浜町	1	大熊町	6
釜石市	19	多賀城市	8	富岡町	8
大船渡市	28	仙台市	116	楢葉町	5
陸前高田市	17	名取市	8	葛尾村	3
		岩沼市	4	川内村	1
		亘理町	11	広野町	4
		山元町	10	田村市	8
				いわき市	27

市における百件を超える件数は、五十件に満たない気仙沼市、石巻市のさらに二倍以上となっている。

　これには宮城県内の市町同士の関係が関わっているのだろう。宮城県は、一極集中型の県であり、県中央部に横たわる仙台市が政令指定都市という位置づけもあり、人口、経済、文化等あらゆる面での中心となっている。それが方言研究においても仙台市に偏るのは、方言に興味を持つ人が人口の多い仙台市に集まり、そこを中心に記録や研究を行っているからということもあるだろう。また、仙台市は、比較的類似した方言が広がる地域、つまり方言区画の中心でもある。そのため、仙台市の方言を記録しておけば、その方言区画の方言の特徴を記録したことになるため、効率性の面から、周辺地域は後回しにされがちである。石巻市、気仙沼市もまた、それぞれ宮城県東部、北部の中心都市であり、そこに記録が集中していることは、宮城県全体における仙台市の位置づけと似た構造となっている。

同様のことが他の被災地域でも言え、岩手県でも沿岸北部の中心都市である久慈市、沿岸中央部の宮古市、沿岸南部の大船渡市に記録が集まっており、その中心となる都市と都市の間に位置する野田村、普代村、田野畑村、岩泉町などには記録が少ない。福島県もやはり同様の傾向が見て取れる。このように

地域の中心都市では記録が蓄積され、周辺地域が手薄になる傾向は、さきにも述べたように記録の効率性という面では仕方のない部分もあるが、福島県ではこれが今後問題となるかもしれない。

福島県の方言をどう区分するかという方言区画には諸説あるが、沿岸部（いわゆる浜通方言地域）がまず浜通方言として分かれ、さらに南北に分かれていると考えてみる。すると、浜通北部の相馬方言（相馬市、南相馬市中心）、南部の磐城方言（いわき市中心）の記録・研究の件数は、それぞれの地域の中心地ということもあって、ある程度まとまりを持ってなされている。

ところが、両地域の中間に位置し、区画の境界がある双葉郡（浪江町、双葉町、大熊町、富岡町、楢葉町、葛尾村、川内村、広野町／**表2**内太枠）では、多いところで浪江町の十件と少なくなっている。しかも、実はこのほとんどがグロットグラム調査や地理的調査といった広域調査の一地点となっているのみなのである。グロットグラム調査や地理的分布の調査は、一地点の方言を体系的に詳しく明らかにしようとする目的ではないため、当地域の体系的な記述的研究はほとんどなされていない現状にある。

その中で、双葉郡は原発事故によって住民がその地域から避難し、方言話者が一斉にその土地を離れてしまうという、土地に根ざした性格をもつ方言にとって、これまでに経験したことのない状況となっている。東日本大震災に伴って方言の記録を行うのであれば、最も調査研究の必要性・緊急性の高いのが、この双葉郡を含む浜通中央部であると言えるだろう。

五　方言集における編纂主体の偏り

最後に、研究者ではない地元の人々の手による方言の記録についても紹介しておきたい。今回の調査では、特に方言集の類は研究者ではない人々の手によって編まれたものが多いように思われた。この直感に従い、方言集を編纂した人がどのような人や機関であるのかを調べたのが**図４**である。

図４は、書籍に限った調査であるため、前掲の**表１**とは数が異なっている。また、「自治体など」としたのは、県庁や教育委員会、あるいは郵政省

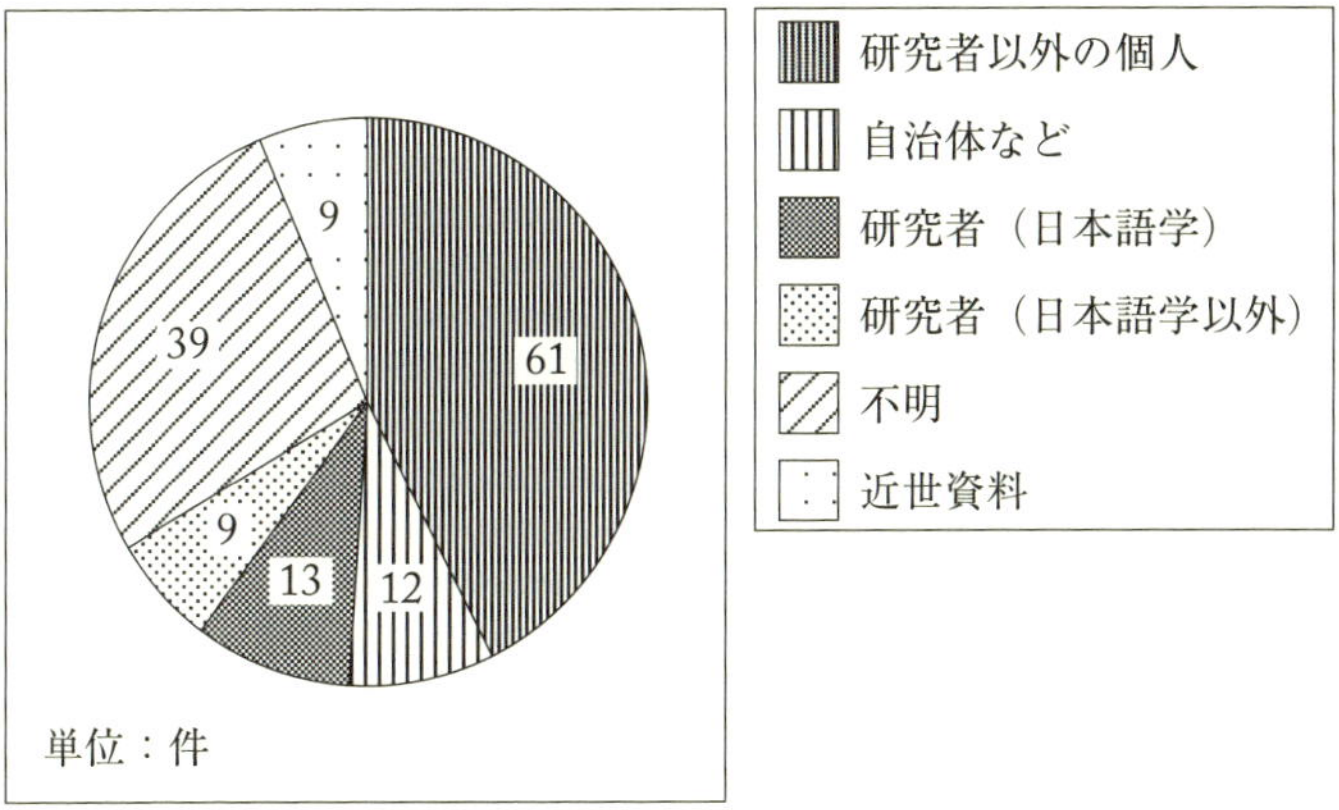

図４　方言集編纂主体（書籍）

などの公的機関のことである。

図4では、やはり「研究者以外の個人」の手によるものが六十一件と圧倒的に多くなっているのがわかる。また、教育委員会などの自治体が編纂した市町村史等に収録された方言集も十二件あり、これを含めると、方言集の実に約半数が研究者以外の手によって編纂されたことになる。

なお、「不明」となっているものは、編纂者の素性がわからなかったものであり、恐らくはこれも研究者以外によって編まれたものであることが予想される。となると、方言集のほとんどは研究者ではない地元の人々によって作成されたものだという事実が浮き彫りになる。

このような地元主導による方言資料の刊行物についても研究者の側は把握し、そこから分野の偏りや研究者に残された課題をフォローしていく姿勢が必要だろう。そうすることで、さらに利用価値、保存価値の高い記録が生まれてくると考えられる。

総じて地元の人々による研究は郷土愛に支えられているものが多く、そのエネルギーを今後の方言の記録に生かしていく道がある。方言の記録は研究者だけでは難しいもので、地元の人々の協力が不可欠である。東日本大震災が起こり、被災地の方言が新たな危機に直面している今、研究者と地元の人々とが協力して方言の記録に当たることが理想である。

六　課題と今後への提言

このたびの東日本大震災を受け、被災地の方言を将来に残し伝えていくために、方言を記録するという取り組みは、今後と言わず、今から必要になってくるものと思われる。以上の考察をもとに、今後の記録作業のために次の二点を述べて、本章のまとめとしたいと思う。

一点目は、ここで見てきたような、過去の記録における、分野的、年代的、地域的偏りを踏まえ、不足を補うかたちで記録を進めていくことが必要だということである。分野的には基礎的な分野をさらに充実させるとともに、新しい分野の記録を急ぐ。また、談話資料の収集も必要である。年代的、地域的には、研究が近年、停滞気味である地域、そもそも記録が不十分な地域において、研究の活性化が求められる。

また、基礎的研究の少ない地域でありながら震災の影響で住民がその地域から移動している地域の方言を記録していくことがやはり急務だろう。他地域に避難することで、地元に暮らしていたときに使っていた方言が使えない、通じないということ、それは心細いものであるだろうし、方言そのものの衰退につながりかねない。

特に福島県双葉郡については、広範な地域で長期にわたって地元への帰還が困難とされている。伝統的な方言を残す高齢の方が方言を後世に伝えられない状況になれば、かつて双葉郡で話されていた方言はほとんど消えてしまうことも考えられる。さらに現状では、地元を離れた若年層に地元へ戻る意思がない人が多いという調査もある。福島大学災害復興研究所編（二〇一二）「平成二十三年度双葉八か町村災害復興実態調査基礎集計報告書（第二版）」によると、避難で地元を離れた三十四歳以下の若い世代において「帰還の意志なし」が四六・〇％と最も多くなっている。このような状況だからこそ、次世代へ向けて方言を伝え残していく必要がある。そのために、福島県双葉郡をはじめ、音声や文法、語彙などの基礎的な分野の記述と談話資料の少ない地域において、方言を記録していくことが急がれる。

二点目は、研究者ではない地元の人々の意欲をいかに形にするかという点である。方言集の編纂主体の大部分が地元の人の手によるものであったように、方言を記録したいという意欲は、現在も各地で自費出版の方言集が発行されていることからも伝わってくるものがある。しかし、研究者ではない人たちの中には、方言を記録したいとは思うものの、そのノウハウを十分持たない人もいるだろう。そのような人たちを研究者が支援し、共同で方言集や方言記録の作成を行っていくというのは、今後の記録の継続性の基盤を育むためにも有効であるだろうし、やはり理想的なものである。実際、沖縄県などでは、地元の方が収集した方言の記録をもとに、方言研究者が協力者となって共同で方言辞典を作成し、出版にこぎつけたという事例もある。

方言のこれからの記録に向けて、私たちが注目すべきは、まずこれまでの方言研究の偏りから、不足を補っていくことである。それから、被災者や避難者、地元の人々と、方言研究者や各種団体などの協力をいかに構築するかという点だろうと思われる。

【コラム　被災地の方言を知ろう！】2　発音①「知事」と「地図」

東北弁と言えば「ズーズー弁」というように、「ズーズー弁」は東北弁の代名詞のように使われています。「ズーズー弁」とは一般にジとズ、及びシとスやチとツを区別しない方言を指し、確かに東北地方には一般的に言ってこれらを区別しない方言が多くあります（ちなみに同じ特徴は北陸地方や出雲地方にもあり、後者のそれは松本清張氏の推理小説『砂の器』において事件の謎を解く手がかりの一つとして用いられていました）。

ただ、同じ「ズーズー弁」の地域でもその現れ方には若干の差異があり、ジとズ（シとス）が「ジ（シ）」に近い発音になる地域と、「ズ（ス）」に近い発音になる地域があります。また、実は同じ東北内でもジとズ（シとス）の区別がある地域もあるのです。

これらを地図で確認してみましょう。**図1**で、格子のパターンの地域がジとズ（シとス）が「ジ（シ）」になる地域です。被災地で言えば青森県の太平洋沿岸がその地域で、「知事」や「地図」が両方ともチジとなる地域です。塗りつぶしの地域がジとズ（シとス）が「ズ（ス）」になる地域であり、岩手県沿岸中部から宮城県、福島県の沿岸北部がそれにあたります。ここでは「知事」も「地図」もツズと発音されます。最後に、岩手県沿岸北部と福島県沿岸南部から茨城県にかけての一帯は、「知事」はチジ、「地図」はチズとなり、ここはジとズ（シとス）を区別する地域ということになります（大橋（二〇〇二）によると、岩手県の当該地

図１　「シ」と「ス」などの区別
〔加藤（1975）より一部改変して作成〕

域では現在ジとズが「ズ」になる塗りつぶしの地域が北進してきて、両方とも「ズ」と発音されることが多いようです）。

「ズーズー弁」の地域では、「地図」と「知事」だけではなく、「寿司」と「獅子」と「煤」、「梨」と「茄子」、「土」と「父」と「筒」なども同じような発音になり、共通語話者が聞く場合、単語そのものを取り違える可能性があります。無型アクセントの地域（アクセントの項参照）の場合はアクセントも判別の基準になりませんからなおさらでしょう。また、単語の取り違いにはならなくても、シだと思っている音をスと発音されると単語が浮かんでこず、理解が難しくなるということもあるかもしれません。ジとズ、シとス、チとツが同じように聞こえるということにはよく注意をする必要がありそうです。

【文献・資料】

大橋純一（二〇〇二）『東北方言音声の研究』おうふう

加藤正信（一九七五）「一　方言の音声とアクセント」大石初太郎・上村幸雄編『方言と標準語―日本語方言学概説―』筑摩書房

【コラム　被災地の方言を知ろう！】3　発音②「開ける」と「上げる」

被災地を含む東北方言の大きな特徴の一つとしては、語中・語尾にあるカ・タ行の濁音化という現象もあげられます。より専門的に言えば、（有声）母音に挟まれた無声子音 /k//t/ が有声化して /g//d/ になるという現象で、/k/ → /g/ の例としては、「開ける」→アゲル /ageru/、「書く」→カグ /kagu/ など、/t/ → /d/ の例としては「的」→マド /mado/、「旗」→ハダ /hada/ などがあげられます。

この現象は、東北地方一般で見られます。例えば**図1**を見ても、「カ・タ行」が「ガ・ダ行」になるところでは「開ける」がアゲルとなるわけですから、被災地のほぼ全域でこのケがゲになるような濁音化が

図1　有声化と鼻音化〔加藤（1975）より一部改変して作成〕

起こることがわかります。

「開ける」がアゲルになるのであれば、「上げる」と混同してしまうのではないかと思われるかもしれませんが、そうではありません。「上げる」のゲは鼻にかかった音（鼻濁音とも言い、この現象を鼻音化と言います。そしてこれをここではゲ゜/ŋe/と表記します）となり、「開ける」はアゲル/ageru/、「上げる」はアゲ゜ル/aŋeru/で、明らかに区別されます。

「的」のトも濁音化してマドになりますが、一方の「窓」のドはやはり鼻にかかった音（これをここではﾝド/˜do/と表記します）となり、「的」はマド/mado/、「窓」はマﾝド/ma˜do/で区別がつくわけです。つまり、多くの東北方言は共通語とは異なるかたちでちゃんとこのように対立の構図を持っているのです。

ただし、福島県以南にはこの対立がありません。**図1**でいうと、先ほどの「カ・タ行」が「ガ・ダ行」になるところのうち、横線のない地域（福島県、茨城県、千葉県）

	「開ける」		「上げる」
共通語	akeru	←kとgの対立※→	ageru
方言	ageru	←gとŋの対立→	aŋeru
	「的」		「窓」
共通語	mato	←tとdの対立→	mado
方言	mado	←dと˜dの対立→	ma˜do

※規範的な共通語はkとŋの対立ですが、現在の東京方言ではこのŋはかなり衰退しているので、kとgの対立としました。

図2 「開ける」と「上げる」、「的」と「窓」の発音の関係

では「的」も「窓」もマドとなるのです。

ここで取り上げた濁音化や鼻音化は、共通語話者にとっては被災地の発音が、重たくこもった感じがするといった印象のもとになっているようです。

【文献・資料】

加藤正信(一九七五)「一　方言の音声とアクセント」大石初太郎・上村幸雄編『方言と標準語―日本語方言学概説―』筑摩書房

第3章　方言は被災者を支えることができるか

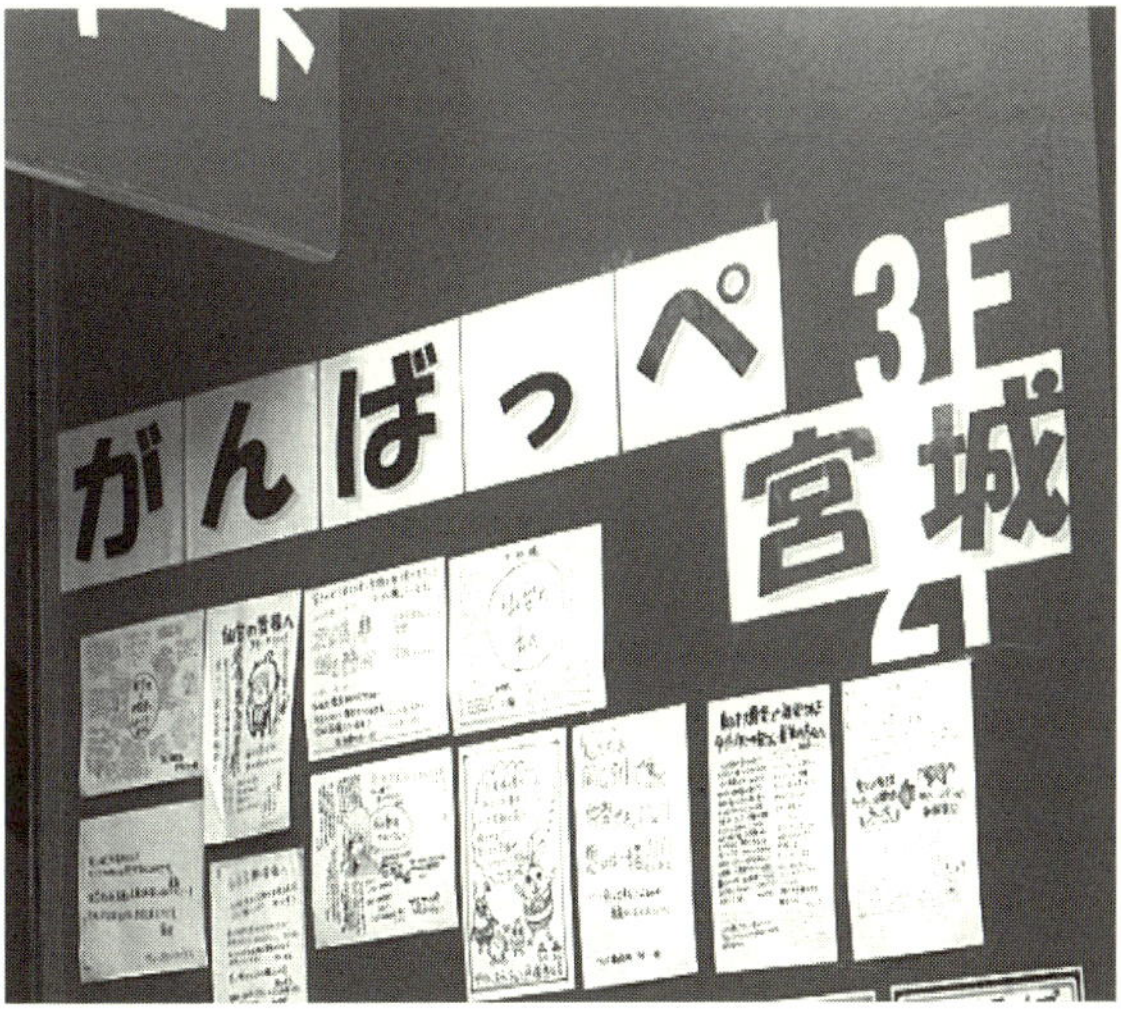

一　被災地における方言の役割

昨年三月の大震災発生以降、被災地を激励するたくさんのメッセージが発信されてきた。それらの中には、方言を使ったものもかなりの割合で目に留まる。いったい方言は、どのような意図でメッセージに用いられているのだろうか。また、実際のところ、被災者はそうした方言メッセージに励まされているのだろうか。

本章では、そのような問いかけをもとに、被災の場で方言がいかなる機能を果たしているか考えてみたいと思う。まず、そうした問題について考えさせてくれるいくつかの事例を紹介する。次に、復興スローガンにおける方言の利用例に対して、被災者・支援者がどんな意識を抱いているかを明らかにする。

二　いくつかの事例

東日本大震災後において、方言はどのような効果を発揮することを意図して使用されているのだろうか。この点に関して、まず二つの事例を見てみよう。

一つ目は、自衛隊が自分たちのヘルメットに、被災地の方言によるスローガンを掲げたというもの、二つ目は、岐阜市が支援物資に方言スローガンのステッカーを貼ったというものである。いずれも新聞に紹介された。

〈事例１〉「がんばっぺ！お国なまりで自衛隊員、被災地応援」（『読売新聞』二〇一一年三月二九日夕刊）

東日本巨大地震の救援活動に取り組む自衛隊員らが、被災地の方言などを使った応援メッセージをステッカーにし、隊員のヘルメットやヘリコプターの胴体に貼っている。被災者の間では「親近感が湧いて勇気がもらえる」と好評だ。

陸海空三自衛隊の支援部隊を指揮する統合任務部隊司令部（仙台市）によると、地震発生直後、宮城県に災害派遣された陸上自衛隊第一〇師団（名古屋市）が、「がんばろう！みやぎ」と書いたステッカーを独自に作ったのが始まり。隊員の士気高揚や活動のＰＲにと、司令部が他の部隊にも導入を呼びかけ、各活動場所の方言が盛り込まれるようになった。自衛隊が災害派遣活動でこうしたステッカーを作るのは初めてという。**（写真１）**

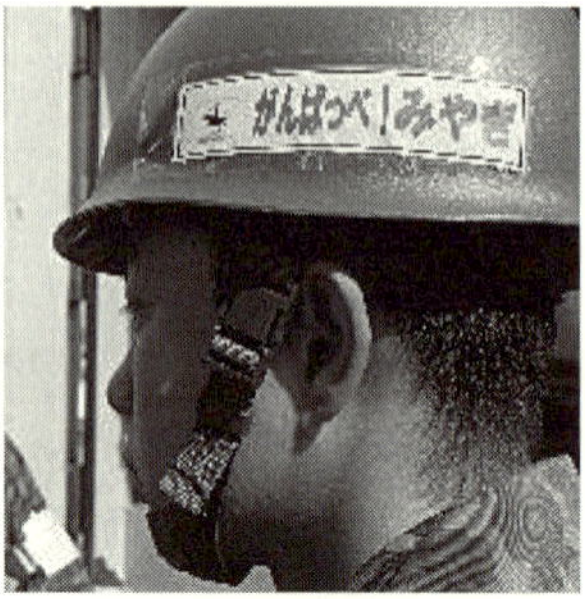

写真1
応援ステッカーを貼って活動する自衛隊員たち

〈事例2〉「東日本大震災：岩手に自転車五〇台　岐阜市が高校生支援」（『毎日新聞』二〇一一年五月一三日朝刊）

東日本大震災で津波被害を受けた岩手県沿岸部の高校生の通学を支援しようと、岐阜市緊急支援本部は一二日、自転車五〇台をトラック二台に積み込み現地へ出発した。同市が自転車を被災地へ贈るのは初めて。

市職員の家族が寄付した三五台、市都市建設部所有の一三台、市民寄贈の二台を贈った。すべて防犯登録を抹消した中古品。東北の方言で「がんばっぺし岩手」と書かれたステッカーを貼り、県立釜石商工高校へ直接送り届ける。パンク修理キット五〇セットも提供する。

武政功副市長が四月一九日、中核市長会の見舞金二七〇〇万円を盛岡市へ持参した際、自転車への要望が強かったという。

事例1では、被災地の人々に対して、より強いメッセージを送るために、共通語ではなく方言を使い始めたと推測される。被災者の「親近感が湧いて勇気がもらえる」という感想からすれば、方言の使用は被災者を励ますのに一定の効果を挙げていることがわかる。また同時に、方言によるスローガンは、救援活動を行っている自衛隊員と被災者との間の一体感を生み出すのにも役立っていると考えられる。

事例2においても、同様のことが言えそうである。自転車を贈ること以外に、自分たちの応援の気持ちを込めたいと考え、方言を使ってメッセージを書いたのだと思われる。これは、被災者に親近感をもってもらいたいと支援者が考えたからであろう。ここでも、被災者と支援者の一体感の創出が意図されたと考えられる。

このほか、被災地支援の義捐金を得るためのチャリティグッズとして、方言スローガンが描かれたシールやキーホルダーの販売も行われた。次の事例は、インターネット上に載ったものである。（**写真2**）

①がんばっぺいわき／プリントシール

今回の東日本大震災の中で被災した街の一つ、福島県いわき市を支援するため、「がんばっぺいわき」というロゴを作成、プリントシールにして販売する個人の企画。(http://www.mizdesk.com/gbpi/)

②けっぱれ！東北／ストラップ・キーホルダー

「がんばっぺ宮城」と書かれた復興支援応援ストラップとキーホルダーを販売する楽天市場における企画。(http://item.rakuten.co.jp/yakyu-da/10000790)

③がんばっぺし／ステッカー

被災者・支援者が交流できるサイトで、「がんばっぺし」と創作書家が書き下ろしたステッカーを販売する企画。(http://ganbappeshi0311.com/)

また、震災からの復興を支援する団体が自らの名称に方言を用いたもの、例えば、いわき市内の復興支援団体「がんばっぺいわき!ネットワーク」や、放送番組の名前を方言で付けたもの、例えば、NHKラジオの「やるっちゃ!宮城」なども見られた。後者は、宮城県在住、または宮城県にゆかりのあるミュージシャンやタレントをパーソナリティーに、今回の震災で被災された人たちへ生放送でエールを送る宮城県向けラジオ番組である(http://www.nhk.or.jp/sendai/top/yarucchha/)。

①がんばっぺいわき／プリントシール

②けっぱれ！東北／ストラップ・キーホルダー

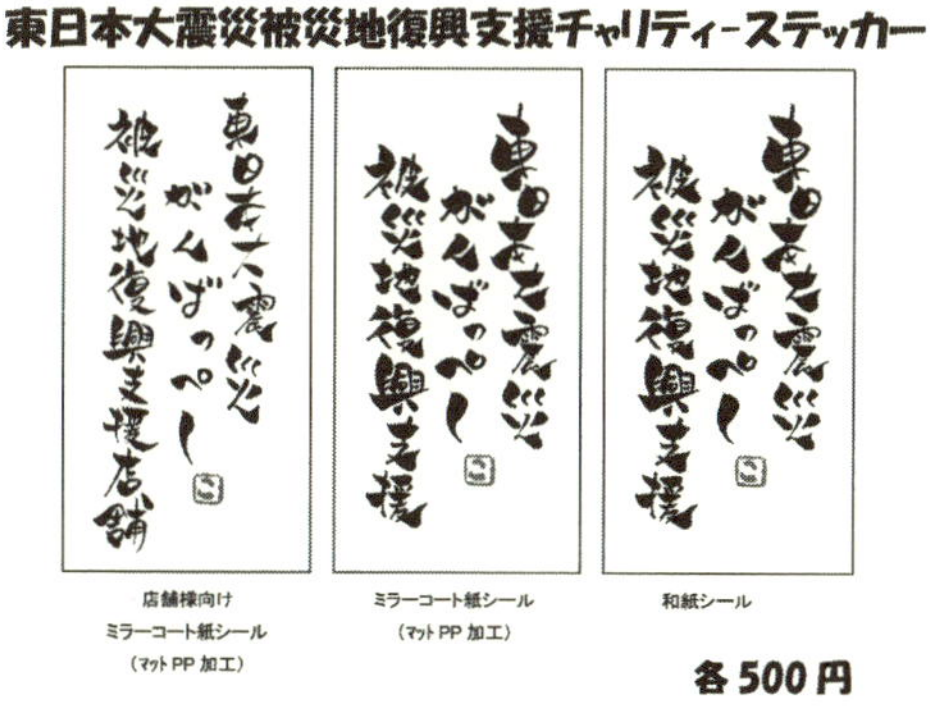

③がんばっぺし／ステッカー

写真2
方言スローガンが描かれたチャリティグッズ各種

さらに、以前から活動を行っていた方言保存団体が、この震災を機に、方言を使った被災地の支援活動に乗り出したという事例も見られる。それについては、次のページのレポートをご覧いただきたい。

さて、小林(二〇〇七)は、同地域に属する者同士が直接会話する場合に、という前提はあるものの、方言の現代的効用として、「相手の確認機能」(同一地域社会に帰属する親しい仲間同士であることの確認)と「発話態度の表明機能」(その場の会話を気取らないくだけたものにしたいという意思表示)の二つがあり、現代方言の機能はそうした心理的なメッセージの提示に重心を移してきていることを指摘している。

この指摘に即して考えると、スローガンやチャリティグッズなどにおける方言の使用は、前者の「相手の確認機能」を利用したものではないかと考えられる。すなわち、被災地の方言を用いることで、「一緒に」「みんなで」といった仲間意識を喚起させ、支援者と被災者とを一体化するねらいがあるのではないだろうか。右のいずれの例にも共通して言えるのは、心理的なメッセージの提示が方言使用の主たる目的であるということである。今回の震災においては、そうした目的で方言が積極的に用いられていると考えられる。

「方言を語り残そう会」（宮城県名取市）の取り組み

「方言を語り残そう会」は二〇〇九年三月に発足し、名取市の方言を後世に伝え残すための養成講座を行ってきた。同時に、地域住民から方言の読み札を募集した『名取方言かるた』を作成し、二〇一一年三月八日には「方言かるた取り大会」を開催したが、その三日後、震災に遭った。

震災後は、毎月第四土曜日、名取市内の仮設住宅で、昔話を語ったり、一緒に歌を歌ったり、茶話会を催したりして、住民同士の交流を深める活動を行っている。筆者が訪問した二〇一二年四月二八日には、身体部位の呼称を方言で発音する「方言エクササイズ」などが行われ、開始直後から笑いが絶えず明るい雰囲気であった。

代表の金岡律子氏らは、今回の震災によって人々の意識が変わったと考えている。金岡氏からうかがったお話を要約すれば、次のようになる。

方言というと、昔だったら、恥ずかしいから隠すものだった。しかし、今は、どこでも「がんばろう」ではなく、「がんばっぺ」など地元の言葉で語るようになっており、被災地でも特に方言が表に出ている。「方言を語り残そう会」もこの地震とそれにともなう津波によって、方言の価値が掘り起こされ、活動する場が広がった。方言というのは、被災地にとっては、土のにおいのする、ふるさとの一つで、心が温かくなるものだ。

「あらー、どうしましたかー」より「あんだ、大丈夫すかー、なじょしたのー」、「あーそうですかー」より「あいや、ほいだっちゃね」、そう言われた方が、うんと温かく感じる。逆に、共通語で言われると先の言葉も続けにくくなってしまう。方言というものが、どんなにか人の心を和らげ、癒し、落ち着かせるものか、今回の震災であらためて意識されるようになったということなのだろう。

ここで大切なことは、方言が被災者たちの人々の心の支えになっているということである。そして、今回の震災を機に、そのことに被災地の人々も気づき始めているという点も重要である。物質文化の再興だけでなく、地域の人々が精神的な復興を果たすためには、方言の果たす役割が大きいと言えよう。なお、方言による支援活動については、櫛引(二〇一二)をご覧いただきたい。

方言句の朗読風景(櫛引祐希子氏提供)

三　復興スローガンにおける方言の使用

次に、看板やポスター、短冊などに見られる復興スローガンについて考えてみたい。震災発生以降、「がんばっぺ宮城」（**写真3**）や「がんばっぺし石巻」（**写真4**）のような復興スローガンにおける方言の使用を度々目にする。それらについては、田中宣廣（二〇一二）によって一定の整理が試みられている。ここでは、さらに、①それらの復興スローガンにおける方言の使用は、向けられた地域や発信地によってどう異なるのかについて見ていき

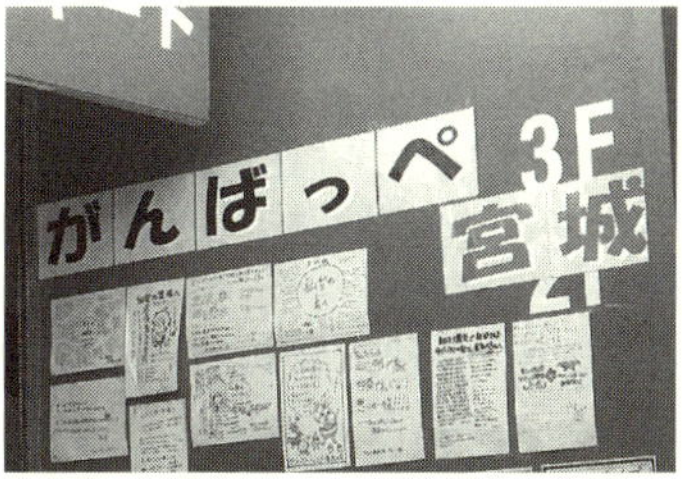

写真3　撮影日：2011年6月25日
撮影地：宮城県仙台市

写真4　撮影日：2011年8月8日
撮影地：宮城県仙台市

たい。また、②被災者と支援者への意識調査の結果から、方言を用いた復興スローガンが人々にどのように受け取られているかも明らかにする。

三・一　看板などに見られた復興スローガン

最初に、方言、共通語それぞれを用いた復興スローガンを比較し、各スローガンが向けられる対象地域に違いがあるのかを確認する。分析に用いるのは、看板やポスター、のぼりなどに見られた復興スローガンであり、二〇一一年五月から八月にかけて収集した八七例である。いずれも現地で写真に収めた。ただし、調査者の居住地の関係により、撮影地は仙台や気仙沼のものがほとんどである。

集めた用例を、共通語形と方言形に二分し、各スローガンが向けられた地域(「がんばっぺ宮城」であれば宮城)により、日本全体・東日本・東北・各県(岩手、宮城、福島など)・詳しい地名(気仙沼、女川など)・地名なしの六分類にしたのが次の**表1**である。

表1を見ると、全体に共通語を使用するものが多いが、スローガンの向けられる地域が細かく限定されるほど方言が用いられている。つまり、広域(日本全体・東日本・東北)を指向したスローガンでは、公的な性格が強く広く理解されやすい共通語が選択されるのに対して、特定の地域(各県・詳しい地名)を指向したスローガンでは、日常の生活語と

表1　スローガンの向けられた地域と共通語・方言の使用状況（看板等）

	日本全体	東日本	東北	県	詳しい地名	地名なし	合計
共通語	8	2	28	15	15	3	71
方言	0	0	1	7	8	0	16
合計	8	2	29	22	23	3	87

して地域の人々に根付いた方言も一定の割合で使用される傾向がある。これには、前節で指摘したような心理的メッセージの発信という現代方言の機能が関わっており、仲間意識を喚起させ、一体感を強めるといった心理的な作用を狙って方言が選択されているのではないかと推測できる。

三・二　七夕の短冊に見られた復興スローガン

前節で取り上げた看板やポスター、のぼりなどのスローガンは、その発信地域が明示されない場合がほとんどである。多くは被災地内部から発信されたものと思われるが、共通語によるスローガンは、被災地の外から届けられた場合も含まれると推測される。

しかし、先に見たように、岐阜市が被災地に自転車を届ける際に貼ったステッカー「がんばっぺし岩手」は、方言スローガンでありながら、その発信地は被災地の外であり方言圏も異なる。自衛隊のヘルメットやヘリコプターに見られた「がんばっぺ！みやぎ」のスローガンも、その作成経緯は十分明らかでないものの、被災地に派遣された隊員が身につけているという点で、もともとその方言を使わない外部からの発信と受け取れるケースである。つまり、これらのケースは、本来その方言を使用しないと思われる地域から、被災地の方言を使ったスローガンを発信しているという点で注目されるのである。

こうした、発信地と被災地の方言がどのような関係にあるかを考えるために、宮城県仙台市の七夕祭の短冊に見られた復興スローガン（二〇一一年八月八日に調査）について見てみよう。それらのスローガンの中には発信地が明記されているものがあったので、それらを取り出して検討する。

さて、被災地以外から発信されたスローガンについては、次の三つのケースが見られた。

① 発信地と被災地とが同じ方言圏に属し、両者に共通する方言を使用する場合
② 発信地と被災地とが異なる方言圏に属し、かつ、被災地の方言が使用される場合
③ 発信地と被災地とが異なる方言圏に属し、かつ、発信地の方言が使用される場合

まず、①のケースの例として**写真5**のスローガンを紹介する。

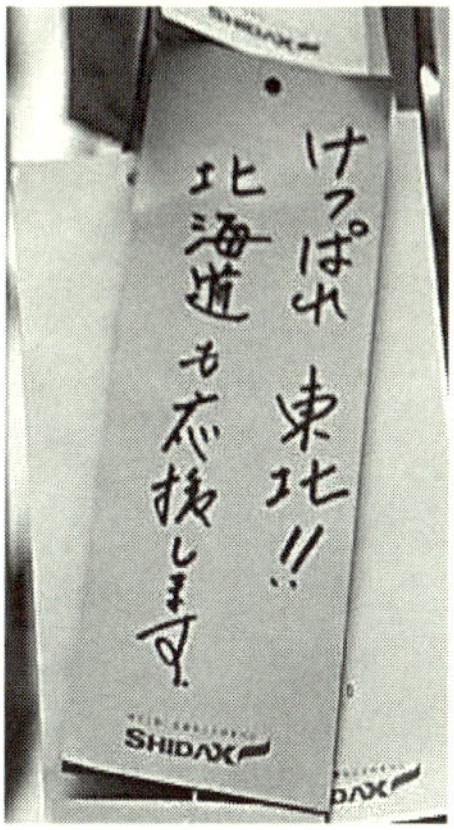

写真5　けっぱれ　東北!!　北海道も応援します

　このスローガンに見られる「ケッパル」は、『日本方言大辞典』（尚学図書編、一九八九）によれば「がんばる。ふんばる。」の意味で山形県・福島県を除く東北4県で使われている。もちろん発信地の北海道でも使用されている。すなわち、「ケッパル」は北海道と東北に共通の方言であり、発信地と被災地とが共有する方言と言える。また、「ケッパル」は「シバレル」などとともに、北海道・東北の有名方言であり、地域共通語的な性格をもつものでもある。したがって、この場合には、発信者が受信者と同じ方言を使って被災地を励まそうとしたのではないかと考えられる。北海道からお隣の東北へ、両者は一体であり仲間であるというメッセージを、「ケッパル」という共通有名方言に託して伝えようとしたものと理解される。

　次に、②のケースの例として**写真6**のスローガンを取り上げる。

写真6
負げてたまっか!!　東北魂!!!
浅草の地より心から祈ってます

これは、写真にあるように東京の浅草から発信されたものである。「負ける」が「マゲル」と有声化する、つまり、濁音に発音される現象は東北の特徴であり、東京にはないものである。この点で、東京と東北とは異なる方言圏に属する。したがって、この場合、発信者は自分では使用しない被災地の方言を使うことで、被災地に向けてメッセージを発していると考えられる。その点で、同じ方言を共有する①のケースとは異なるものである。この場合、発信者はあえて被災地の方言を使用することで、被災地の人々の心に寄り添う姿勢をアピールしているのではないかと推測される。先に見た、岐阜市や自衛隊の方言スローガンと同様のケースとみなしてよいだろう。

最後に、③のケースの例として**写真7**のスローガンを見てみよう。

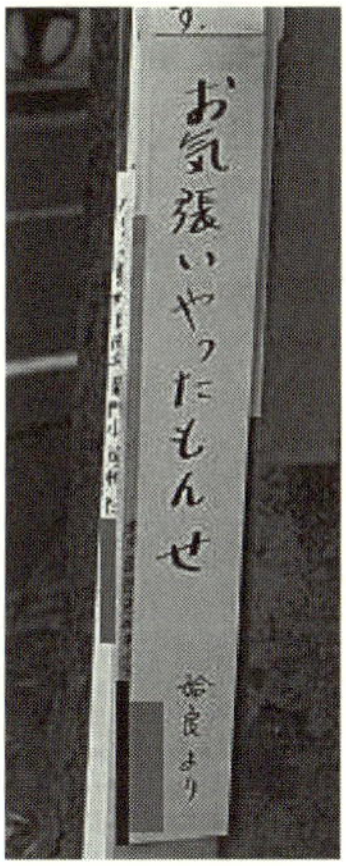

写真7
お気張いやったもんせ　姶良より

鹿児島県姶良（あいら）市から発信されたスローガンである。鹿児島が東北とは異なる方言圏に属することは明白であるが、この場合、発信者側の鹿児島方言が使用されている点に特色がある。『日本方言大辞典』によれば「キバル（気張る）」は「がんばる」「元気を出す」といった意味で中部地方から沖縄県まで広い地域で確認されるが、東北の被災地には見られない。また、「タモル（賜う）」の補助動詞的用法を含む「やったもんせ」は、「〜なさってくださいませ」といった意味を表す鹿児島方言である。このケースは、発信者が自らの方言を用いて、方言の異なる遠い地域からも応援しているというメッセージを付与していると考えられる。被災地の人々には、ともすると理解されない恐れもあるが、そうした危険を冒してまで遠隔地からの応援をアピールしていると思われる。

以上、「①発信地と被災地とが同じ方言圏に属し、両者に共通する方言を使用する場合」と、「②発信地と被災地とが異なる方言圏に属し、かつ、被災地の方言が使用される場合」

とは、方言スローガンの意図は仲間意識を喚起し、被災地との一体感を創造することにあると言える。また、「③発信地と被災地とが異なる方言圏に属し、かつ、発信地の方言が使用される場合」は、遠隔地からの応援のアピールがその趣旨であると推測される。ただし、③の場合も、方言によって被災者との心的距離間を縮めようとしている点では①②と共通する面がある。結局のところ、方言スローガンの機能は、その方言が被災地側のものであっても、発信者側のものであっても、発信者と被災者との心理的な結びつけをねらったものであると理解することができる。

四　方言スローガンに対する人々の意識

さて、こうした方言スローガンに対して、人々はどんな意識を抱いているのだろうか。ここでは、被災地の方言を復興スローガンに使用することに対して、被災者と支援者の受け止め方の違いを問題にしてみたい。

この課題のために、二〇一一年の七月と九月に、被災地の一つである宮城県気仙沼市を訪問し、聞き取り調査を行った。調査対象者は、被災者一七名と支援者一七名であり、前者については仮設住宅や防災センターなどを、後者については社会福祉事務所や災害ボラ

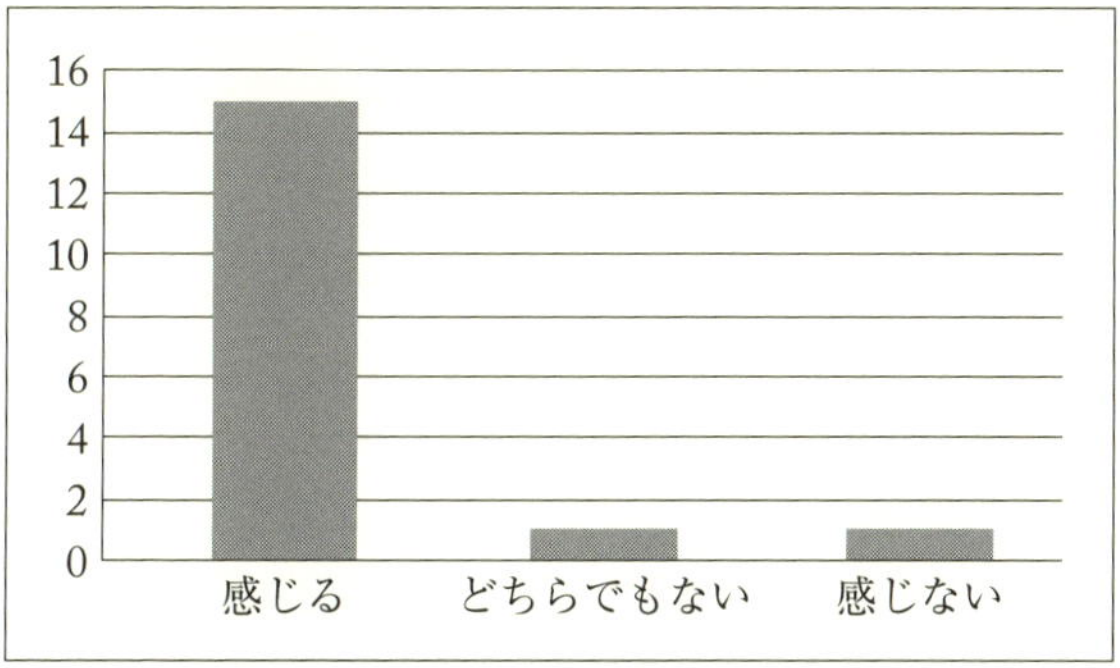

図1　共通語のものと比べ、方言復興スローガンへ親近感を感じるか

ンティアセンターなどを回って調査した。質問内容は、方言スローガンへの親近感の有無や、被災地以外の人の手による方言スローガンへの感じ方の違いなどである。

結果を見てみよう。まず、**図1**は、被災者に対して、「共通語のものと比べ、方言復興スローガンへ親近感を感じるか」と尋ねた結果である。予想通り、ほとんどの被災者が「親近感を感じる」と答えている。この結果を裏付けるように、この質問と同時に得られた自由回答には、次のような意見が見られた。

意見1：方言を使うと親しみがあって、自然に入って来やすい。

意見2：（「がんばろう」に対して）「がんばっぺ」の方がわかりやすい感じだ。

意見3：方言の方が優しさを含んでいる感じだ。

意見4：方言に比べて共通語は押しつけがましい

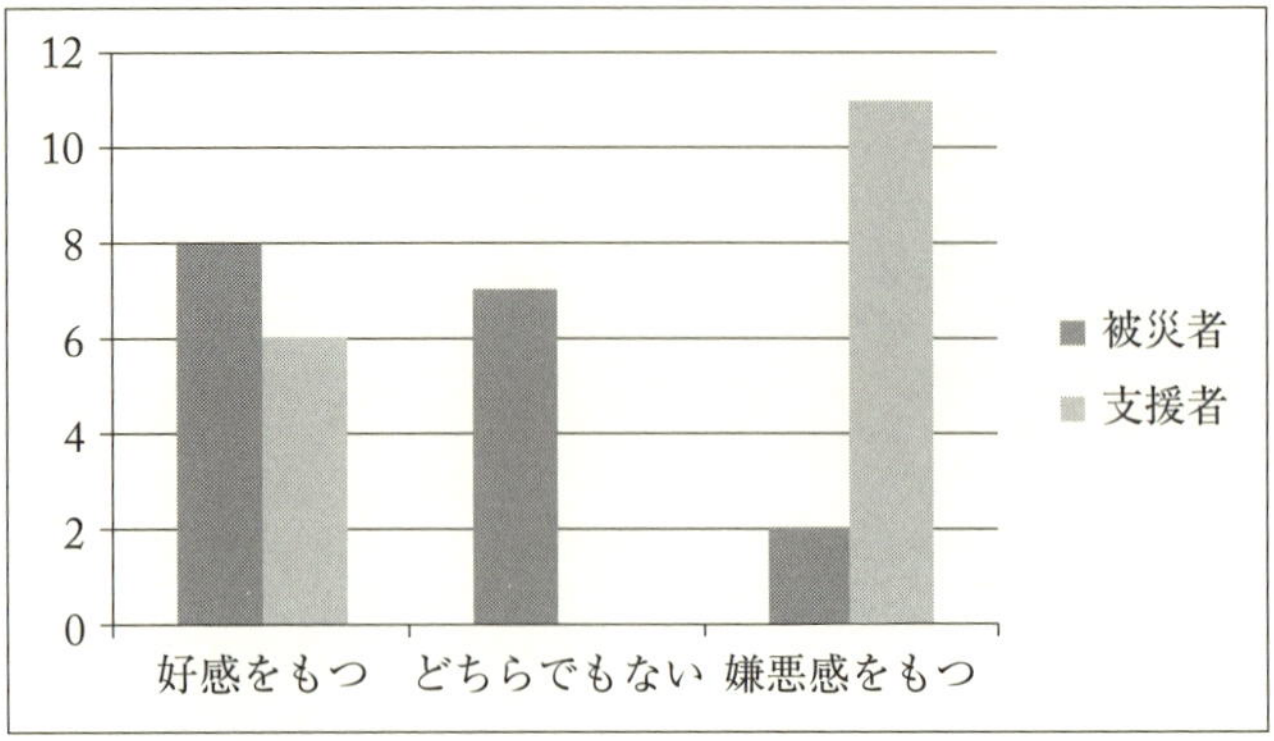

図 2　被災地以外の人が被災地の方言復興スローガンを作成すると、被災者はどう思うか

ように感じる。

意見1はまさに**図1**の結果を代弁するものと言える。「自然に入って来やすい」というのは、自分の心に響くという心理的な効果に言及したものであろう。この点、意見2の「わかりやすい」というのも似たような感想だが、こちらは生活語としての方言の効用について述べたものかもしれない。意見3と意見4とは対比的にとらえられるもので、方言と共通語とが心理的な機能の点で、逆方向に作用することを物語っている。

次に、**図2**は「被災地以外の人が被災地の方言で復興スローガンを作成すると、被災者はどう思うか」と質問した結果である。これについては、被災者・支援者、双方の意識を表示してある。

この質問の結果は、やや予想とは異なった。予想では、被災地以外の人がその土地の方言を真似てスローガンを作ることに対して、被災者・支援者ともに違和感や反発の声が多く聞かれるのではないかと考えた。しかし、実際には支援者と被災者の間で意識の差が見られた。すなわち、図に示すように、支援者は「被災者は嫌悪感をもつだろう」という否定的な意見が多かったのに対して、被災者は「どちらでもない」「好感をもつだろう」という概ね肯定的な意見が多かった。この結果は、支援者の意識は予想に沿ったものであるが、被災者の意識はそれとは異なるものであったということになる。

同時に得られた具体的な意見を紹介すると、被災者の声には、

意見５：地元の方言を使ってくれてありがたい。親しみを込めてやってもらっている感じだ。

意見６：支援者とのコミュニケーションのきっかけになるのではないか。

といった肯定的な意見がある一方、支援者の声には、

意見７：わざとらしい。

意見８：方言は中途半端に真似するべきではない。

意見９：その地域の方言をよく分かっている人が作るべきだ。

といった否定的な意見が目につく。これは、復興スローガンに被災地の方言を使うことに対して、外部からの支援者は遠慮や自制が働くが、一方の被災者たちは、むしろ歓迎して

いると理解できる。

この両者の意識のギャップはどう説明したらよいだろうか。ここには、小林（二〇〇七）が指摘するような方言の現代的効用、すなわち、同一地域社会に帰属する親しい仲間同士であることを示すための象徴として方言が使われるという、一種の集団語的機能が関わっていると考えられる。おそらく、被災地の人々は、たとえ外部の人間であっても、地元の方言を使って呼びかけられることで、自分たちに寄り添おうとしてくれているという心理的な一体感を感じるのではないかと思われる。つまり、被災者たちは、自分たちの集団の輪の中に支援者が入ってくれることを、方言の使用を通して実感する。一方、外部の支援者は、本来、そうした集団の外にいる存在であるために、その集団の象徴である方言を、あたかも自分のもののように使用することに躊躇があるのだろうと考えられる。しかし、あらためて被災者側の立場に立てば、支援者側のそうした危惧とは逆に、両者の垣根を越えて支援者が被災地の方言で応援してくれることを期待しているのである。

ところで、以上のような結論からすれば、支援者はあまりためらわずに被災地の方言を用いた復興スローガンを作成すべきである、ということになる。被災者の回答の中には、被災地の方言を用いた復興スローガンの作成を通して、被災者と支援者との協力体制が築かれるとともに、さらに、別の活動へとその体制が生かされることを望む声もあった。こうした協力体制の構築のための仲立ちというのは、方言に求められる役割の中でも、震災からの復興という場面に特徴的なものであろう。被災者と支援者は復興スローガン作りを通して、「ことば」という身近な話題で会話をしていく。ことばは生活に根付いているものであり、支援者が被災地域の文化や考え方を学ぶことができる要素の一つである。復興スローガン作りという目的に向かって、協力していくことで、被災者と支援者の間に信頼関係が生まれることが見込まれる。

しかし、支援者には、被災地の方言のことがよくわからず、方言を正確に使用できているか不安があるのではないかと思われる。右に掲げた支援者の意見8や意見9などはそうした気持ちが現れたものであろう。そうした状況においては、方言研究者が支援者と被災者とのある種の仲立ちをすることが求められる。被災地の方言といっても、被災者が論理的に解説することは難しいかもしれない。支援者から、表現の使用の可否について尋ねられた場合に、感覚でしか判断できないこともある。しかし、他地域出身の支援者は、その被災者の方言感覚を共有していないため、可否の理由が理解できない。このような場合に方言研究者は今までの研究の成果を用いて、細かなニュアンスの違いを支援者に伝え、支援者の理解に資することができる。このように、方言スローガン作りの場は、被災者と支援者が互いの思いを的確に理解できるよう、方言学者がこれまでの研究成果をフィードバックできるまたとない機会であると言える。

五　課題と今後への提言

東日本大震災から一年以上が経ったが、未だに復興への道は険しい。今後の復興は国や東北地方など広域だけでなく、県や市町村というより生活に密着した地域を指向した復興も重要になってくる。特定の地域の復興に向けた活動においては、被災者の心のよりどころとして、方言を用いた復興スローガンの重要性が増してくるだろう。

こういった状況の中で、今回、復興スローガンを撮影・収集し、それらに対する意識調査を行ったことで、方言を使った復興スローガンの有用性を裏付けることができた。また、方言を用いた復興スローガンに対して、他地域出身の支援者は否定的である一方、肝心の被災者は肯定的であるという意識の差が明らかになった。今後は、支援者にこの事実を伝え、被災地域の方言の使用を促し、被災者の支援の一環となるよう働きかけていく必要がある。

「ことば」の理解は、その地域の文化の理解にも繋がっていく。真の復興には、目に見える物質文化の復興だけではなく、目に見えない地域文化の復興も不可欠である。方言を用いた復興スローガンの作成は、被災者と支援者の協力体制あるいは信頼関係の構築に役立ち、文化の復興にも良い影響を与えるだろう。その活動の中で、方言研究者は、被災者と支援者の間に立ち、方言を仲立ちとして互いが言葉や文化を理解しあえるようにサポートしていくことが求められる。被災地の方言は、被災者の心のよりどころとなり、支えになっている。方言を用いた復興スローガンは今後より一層、被災者の心的支援に役立つと考えられ、方言研究者はその流れを後押しできるよう、研究の成果を被災地にフィードバックしていく必要がある。

文献

櫛引祐希子（二〇一二）「方言による支援活動」（ワークショップ「つなぐ言葉としての方言―被災者・支援者・そして研究者―」）『社会言語科学会第三〇回大会発表論文集』

小林隆（二〇〇七）「方言機能論への誘い」『シリーズ方言学三　方言の機能』岩波書店

田中宣廣（二〇一一）「地域語の底力―方言エールと経済言語学の方法―」『日本方言研究会第九三回研究発表会発表原稿集』

【コラム　被災地の方言を知ろう！】4　発音③「機械」と「近い」

発音の面では、東北方言のキの音についても触れておきましょう。例えば宮城県では「木」がチ、「機械」がチカイ、「救急車」がチューチューシャのように聞こえる地域があります。同様の現象は、東北地方の他には沖縄にあることが知られており、例えば沖縄方言のことをウチナーグチ（沖縄口）と言ったりしますが、このウチナーはオキナワと対応関係がみられ、この時やはり共通語のキがチと対応しているのが見てとれます（他にも「肝（きも）」がチム、「衣（きぬ）」がチンなど）。

さて、東北地方の被災地に再び目を向けて見ると、**図1**から宮城県には★印が多く見られますが、これは「木」がチ、「咳」がセジとなる地域であることを表しています。被災地全域でそうなるわけではなく、福島県には▼の記号が多くありますが、これは「木」はキ、「咳」はセギであることを表しています。また、青森県と岩手県には⬢の記号が多くありますが、この「木」はキとシの中間のような音（または共通語の「岸（キシ）」を一音で発音したような音とでも言いましょうか）となっていることがわかります。「咳」も福島県のようなセギではなく、ここのギの音は多少ジに近い音のようです。

共通語にはこの青森県や岩手県のキの音はありませんから、それがキの音であるということは割とわかりやすいかもしれません。しかし、チという音は共通語にもありますから、例

	木の/ki/	咳の/ki/
⬢	キシ	ギジ
★	チ	ジ
▼	キ	ギ
∨	キ	キ

図1　高年層における /ki/（木）・（咳）の実相
〔大橋（2002）より一部改変して作成〕

えばチカイと言われても「近い」や「誓い」と思ってしまい、すぐには「機械」が思い浮かばないかもしれませんね。

【文献・資料】

大橋純一（二〇〇二）『東北方言音声の研究』おうふう

【コラム　被災地の方言を知ろう！】5　アクセント

　空から降ってくるのは「雨(あめ)」、なめて甘いのは「飴(あめ)」。漢字で書けばもちろん違いがわかりますが、ことばとして声に出したときでも、共通語を含め多くの方言でこの二つの違いは確認できます。何が違うかというと、これらは単語がもつアクセントが異なるのです。音の高い部分を●、低い部分を○で表すと、共通語の場合、「雨」は●○、「飴」は○●となり、両者の区別がつきます。同じように、「牡蠣(かき)」と「柿(かき)」も、「牡蠣」は●○、「柿」は○●でこれも区別がつきます。

　このように、共通語では単語ごとに高低が決まっている（＝型がある）のですが、東北地方から北関東にかけて、単語ごとに

図1　アクセントの分布〔佐藤(2007)より一部改変して作成〕

高低が決まっていない（＝型がない）地域があります。
図1の中の▲の印の場所がその地域にあたり、これは被災地でいうと宮城県南部から福島県、茨城県にかけての一帯がこの無型アクセントの地域となっています。これも被災地の方言の特徴の一つだと言えるでしょう。共通語話者がこの無型アクセントの地域の発音を聞くと、文が平らでのっぺりとしているとか、区切れがわからず意味が取りにくいといった印象を受けるようです。

東北弁としてイメージされるのはこの無型アクセント地域のことばであることが多いようですが、地図を見るとわかるとおり、実際の東北弁はアクセントの型がある地域も広く存在します。そのアクセントは大まかに言えば東京式アクセントに属していますが、東京式アクセントとは言っても、東京で話されていることばと東北のことばのアクセントが同じというわけではありません。

例として、岩手県のアクセントを挙げましょう。**表1**は岩手県久慈市と大船渡市の二拍名詞のアクセントを共通語の例とともに示したものです。

まず共通語から説明しましょう。共通語は二拍名詞では三つの型があります。助詞をつけたほうがわかりやすいので、助詞「も」を▽（低）▼（高）で表すと、「飴も」が○●▼、「石も」や「足も」が○●▽、「雨も」が●○▽となります。

これに対して大船渡市では「飴も」「石も」が○○▽、「足も」「雨も」が○●▽となり、二つの型しかありません。

久慈市では三つの型なのですが、「飴も」と「石も」が●○▼、「足も」が○●▽、「雨も」が●○▽となり、共通語では「足も」と同じだった「石も」のアクセントが、こちらでは「飴も」と同じ音調になります。

さて、この久慈市の「石も」と「飴も」の●○▼という音調ですが、同じく岩手県三陸沿岸の山田町や宮古市でもこのような特徴的な音調（これを「重起伏調」と言います）が用いられていることが報告されています（大西一九八九、田中二〇〇五）。

この「重起伏調」というのはどのような点が特徴的かと言いますと、例えば共通語では「鶏」は○●●●、「喜ぶ」は○●●○となって、単語やそれに助詞がついた句の中で一度高くなったら後はそのまま下がるかしかなく、下がってからまた上がるということはありません。これは他の地域の多くの方言でも同様です。しかし例えば宮古市では、「鶏」は●●○●、「喜ぶ」は●○●○というように、一つの単語の中に高いところが二か所出てきます。この三陸沿岸の地域の、高いところから下がってまた上がるという音調は非常に珍しいと言え、これも被災地

表1　岩手県各地のアクセント（二拍名詞）

〔齋藤孝滋（2001）、森下喜一編（1986）より作成。原典の「やや高い音」は高い音に含めた。〕

<table>
<tr><th>語例</th><th>共通語</th><th>大船渡市</th><th>久慈市</th></tr>
<tr><td>飴・酒…</td><td>○●▼</td><td rowspan="2">○○▽</td><td rowspan="2">●○▼</td></tr>
<tr><td>石・胸…</td><td rowspan="2">○●▽</td></tr>
<tr><td>足・犬…</td><td rowspan="2">○●▽</td><td>○●▽</td></tr>
<tr><td>海・雨…</td><td>●○▽</td><td>●○▽</td></tr>
</table>

の方言の特徴としてあげられるでしょう。

【文献・資料】

大西拓一郎（一九八九）「岩手県山田町方言のアクセント」『国語学研究』二九
齋藤孝滋（二〇〇一）「Ⅱ　県内各地の方言」平山輝男・大島一郎・大野眞男・久野眞・久野マリ子・杉村孝夫編『日本のことばシリーズ3岩手県のことば』明治書院
佐藤亮一（二〇〇七）「方言のアクセント」飛田良文・遠藤好英・加藤正信・佐藤武義・蜂谷清人・前田富祺編『日本語学研究辞典』明治書院
田中宣廣（二〇〇五）『付属語アクセントからみた日本語アクセントの構造』おうふう
森下喜一編（一九八六）『岩手県アクセント辞典』平山輝男監修、第一書房

第4章　支援者と被災者を結ぶ方言パンフレット

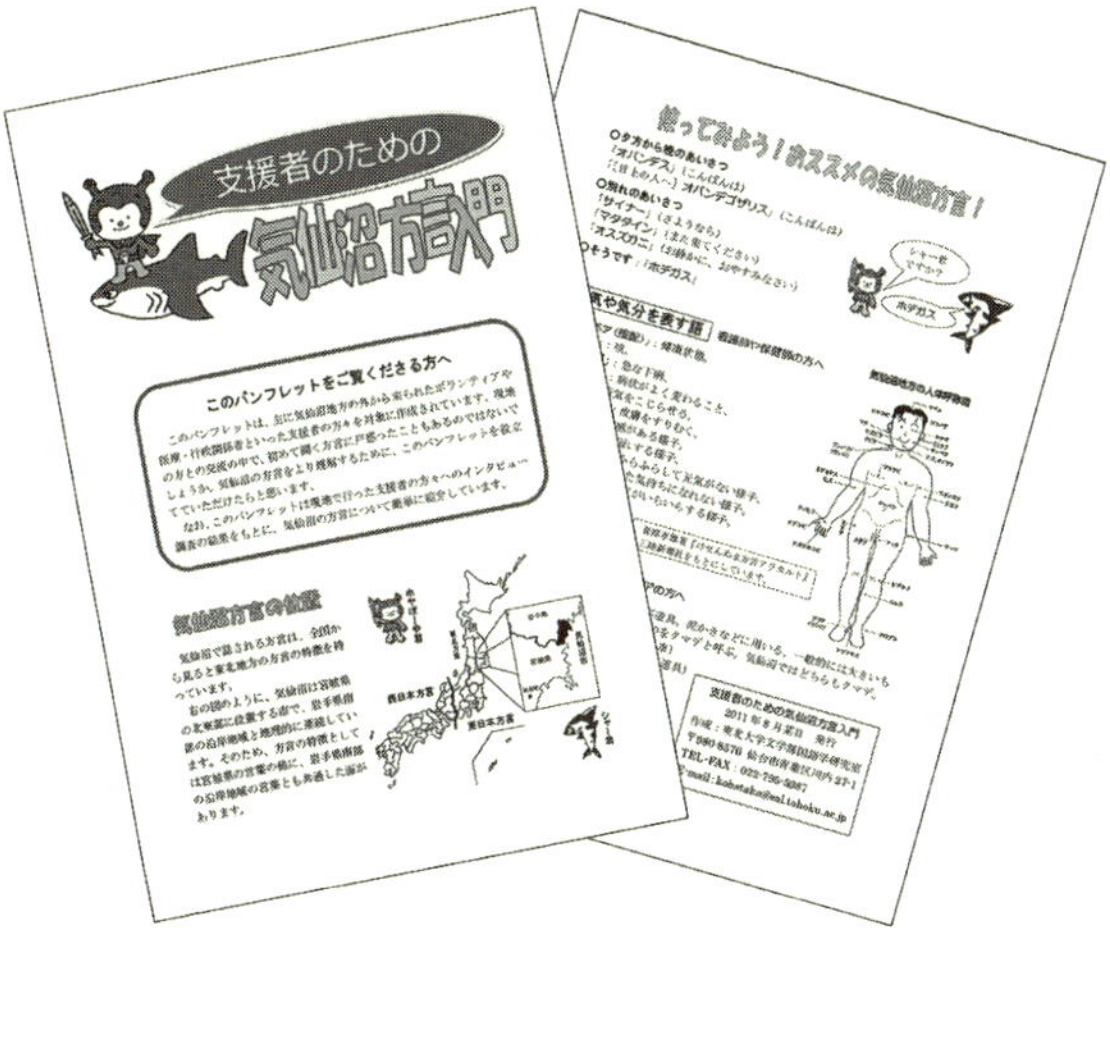
支援者のための
気仙沼方言入門
このパンフレットをご覧くださる方へ

一　被災地におけるコミュニケーション

医療現場においては、東日本大震災前からすでに医療従事者（医師、看護師、保健師など）と患者とのコミュニケーションにおける方言の問題が指摘されてきた（今村二〇一一など）。例えば、医療従事者が「患者の方言がわからない」という困難を抱えているという問題である。これは方言が通じないことによる問題であるが、このようなことは、地震・津波被害等の災害時においても同様に起こりうると考えられる。つまり、支援者と被災者の間にも、方言が通じないことによる問題が起こる可能性があるということである。

今回の震災においては、被災者が被災地域から避難し、支援者が被災地域へと駆けつけるという大きな人の移動や接触が起こった。そのような中で私たちは、被災地域・避難先地域において方言に関わる問題が発生する可能性を認識しなければならない。しかし、災害時の方言の問題はこれまでほとんど指摘されてこなかった。この章では、まず災害時の方言についてどのような問題が起こり得るかを検討し、さらにその問題を回避・解消するための方策を考えていこう。

二　方言をめぐる社会的問題とは

今、災害時に方言をめぐる問題が起こりうると述べたが、この問題はそれが発生する場所に注目すると大きく二つに分けて考えることができる。すなわち、次のような問題である。

①被災地において見られる方言の問題
②住民の避難に伴う方言の問題

まず、「①被災地において見られる方言の問題」とは、被災地に駆けつけた支援者と被災地に残る被災者との間に起こる問題である。

震災後、被災地には県内外から自衛隊や様々な救護隊、医療関係者、行政関係者、ボランティアが支援に入り、医療活動や役所手続きの応援、がれき撤去等に従事している。このように、被災地の外から来た支援者が、被災地で活動に当たる中で、被災者を含む地域住民の使用する方言を理解できない、または誤解することによる問題が生じる可能性がある。ここで生じる不理解の問題は、細かく見れば、支援者の活動内容の違いにより、例え

表１　都道府県別転入超過数

都道府県	転入超過数（人）		
	平成23年3月～24年2月	平成22年3月～23年2月	対前年同期増減数
岩手県	－3,179	－4,158	979
宮城県	－5,469	－474	－4,995
福島県	－32,568	－5,795	－26,773
計	－41,216	－10,427	－30,789

ば医療・行政・がれき撤去等で微妙に異なってくる可能性がある。また同じ活動内容であっても、活動期間が長期か、短期かでも違ってくるだろう。さらに、別の角度から見れば、被災地に駆けつけた支援者が、被災地の方言を使うべきか否かという問題もある。

次に、「②住民の避難に伴う方言の問題」について考える。東日本大震災により家屋を失ったり、居住が不可能になったりした被災者が、被災地を離れて県内外へと、集団または個人で避難している。上の**表１**は「住民基本台帳人口移動報告」（総務省統計局）による、震災前後一年間の岩手県、宮城県及び福島県の転入超過数とその増減数である。震災前と震災後を比較すると、岩手県のみは他県からの避難者の受け入れに伴い、やや転入数が増加しているが、宮城県と福島県はそれぞれマイナス四九九五人、マイナス二六七七三人と他県への転出者が避難によって大幅に増えていることがわかる。

このような移動が起こると、被災者の用いる方言と、避難先で用いられる方言との違いから、コミュニケーション上の摩擦や偏見によるトラブルが起こる可能性がある。ここで生じる問題は、集団避難であるか個人避難であるか、避難先が隣接地域であるか遠方であるかなどによっても質が異なってくる可能性がありうる。

ここまで考察したように、災害時に起こる方言の社会的問題は、状況により多様な様相を呈する。このうち、「②住民の避難に伴う方言の社会問題」は、避難の形態、その人数、避難場所など避難先の全体的な状況を把握することが必要なため、少し時間をかけることとし、震災直後には「①被災地において見られる方言の問題」を中心として取り組むことにした。

三　方言パンフレットを作る

三・一　方言パンフレット作成の目的

被災地において見られる方言の問題としては、先にも指摘したように、外部からの支援者が被災者の方言を理解できないという問題が大きいであろう。そうした問題の解決策として、支援者に被災地の方言を理解してもらうための方法を考える必要がある。

例えば、被災地の方言について解説した冊子を作成するということがありうる。あるいは、支援者を集めて方言講座を開くといった方策も考えられる。これらはいずれも有効であるとは思われるが、前者について言えば、今回は震災発生後であり急を要するものであることから、あまり時間のかかる方言解説冊子の作成は難しい。後者については、ボランティアセンター等での支援者に対するガイダンスの一環として行うことなどが考えられるが、少しでも実質的な支援活動に回すべき時間を奪ってしまう恐れがないとは言えない。

そこで、われわれは方言パンフレットの作成に取り組んだ。パンフレット程度のものならば、冊子などに比べてそれほど時間をかけずに作ることが可能であろう。また、支援者をガイダンス等で一定時間拘束する必要もなく、移動時間などを利用して目を通してもらうこともできるはずである。そのような、作成者の側からも、利用者の側からも効率的で、ある意味簡易な支援手段として方言パンフレットを作成することにした。

この支援者のための方言パンフレット作成の目的は、次の二つである。

Ⅰ. 被災地域へ駆けつけた支援者に被災地の方言を理解してもらうこと
Ⅱ. 支援者と被災者の間の意思疎通の手がかりとして役立ててもらうこと

Ⅰについては説明はいらないであろう。いわゆる方言不理解の問題を解消するのに役立てるという、パンフレットの主要な目的である。一方、Ⅱを設けたのは、支援者にとって、被災地の方言に関心をもち、被災者に親近感を感じてもらうための助けとなることを、このパンフレットに期待したからである。支援者がパンフレットの内容に興味を抱き、それをきっかけに被災者とのコミュニケーションが活性化することがあればよいのではないかと考えた。

Ⅰの目的が実用的なものであるとすれば、Ⅱの目的は心理的な効果をねらったものと言える。Ⅰの目的が十分果たされるためにも、Ⅱの目的への配慮が必要である。

三・二　先行研究に学ぶ

被災地に入る支援者のために、その土地の方言を解説するパンフレットを作りたい。その具体的な内容を考えるにあたり、まず、関連する先行研究から学ぶことにした。特に、現段階で比較的研究が進んでいる医療と方言に関連する分野は、被災地に医療支援者も多く滞在していることから、参考になると思われる。

われわれの取り組みとの関連を考えながら、ここでは三つの研究を見ていく。

(1)今村かほる他(二〇一〇)「医療・看護・福祉現場における方言教育」

今村氏は、「ノンネイティヴの医療・福祉従事者が患者・施設利用者の話す方言が理解できないために、訴えを理解できずに事実そのものを取り違えたり、意思疎通・コミュニケーションが円滑に進まない事例がある」と述べている。

このことからすれば、被災地へ入った医療関係者やボランティアと被災者がトラブルに陥ることは十分にありうることだと思われる。特に、震災後の混乱した状態の被災地では、その危険性は通常よりも大きいであろう。方言パンフレットのような支援が必要であることは、こうした証言からも明らかである。

(2)日高貢一郎(二〇〇七)「福祉社会と方言」

日高氏は、医療等の現場において、「方言」は自分にとって思いをいちばん詳細かつ的確に表現できるものであり、特に高齢者ほど、また、せっぱ詰まったときほどそうなりやすい、と述べている。また、そのような認識に立てば医療等の従事者が「この地域でしばしば聞かれる代表的な方言については、ひととおりその意味やニュアンスが理解できるようになろう」という心構えをもつことが大切であるとも述べている。これらの点は、被災地における医療支援についてもあてはまるものと考えられる。

また、患者・家族たちの発言に方言が出やすいのは、①感覚・感情表現に関する語、②身体部位を表す語、③怪我や病気を表す語、④症状・動作などを表す語、であり、「各語彙にはその語と組み合わせてよく使われる言い回しや言い方を添えて、できるだけ具体的な用法がわかるようにする」ということが必要であるとも述べられている。この点も参考になるが、詳しい方言の解説となると、結局、充実した冊子や本となってしまうので、パンフレットという狭い紙面に仕立てるには、最低限必要な情報を選ぶという絞り込みがどうしても必要となろう。

さらに、日高氏は、「地元出身でない場合は方言を無理に使わないこと」とも述べている。この点については、今回のパンフレットは基本的に被災地の方言の理解に役立てるものであり、その使用に踏み込むものではない。ただ、第3章で見たように、支援者の方言使用に対する好意的な意識が被災地にうかがえることからすれば、支援者が被災地の方言を使用することをあえて自制する必要もないのかもしれない。むしろ、支援者と被災者の心理的な距離感を縮めるために、あいさつ程度の方言を支援者が被災者に向けて発するような試みはあってもよいのではないかと思われる。これは、前節で示したパンフレットの目的のうち、「Ⅱ．支援者と被災者の間の意思疎通の手がかりとして役立ててもらうこと」に関わる問題である。

(3)今村かほる(二〇一一)「医療と方言」

今村氏は、医療現場で方言が果たす役割としては、①医療者側が患者の症状や状態について認識する「いつから・どこが・どのように」というような「事実認識」に関わる場合や、②医療者から患者への「情報伝達」に関わる場合という、意味の伝達のレベルと、③医療者が患者との関係性を構築するための「コミュニケーション手段」として用いる場合、という配慮のレベルがあると述べている。③コミュニケーションとしての方言の役割については、コミュニケーションのスタイルそのものの地域差について考慮することが必要であると述べている。

これによれば、被災地の方言についてパンフレットを作るといっても、内容的にはいくつかのレベルを考えなければいけないことがわかる。特に、コミュニケーションに関わる配慮のレベルやスタイルそのものの地域差という観点は、これまであまり注意されてこなかったものである。この点は、前節で提示したこのパンフレットの目的のうち、「I．被災地域へ駆けつけた支援者に被災地の方言を理解してもらうこと」の内容において、複数の視点が必要になることを意味する。

三・三　どんなパンフレットが望ましいか

以上の検討を踏まえて、どのようなパンフレットが望ましいか、考えてみよう。

(1) パンフレットの内容

まず、パンフレットの内容については、次のような方針で作成するのがよいのではないかと考えられる。

①被災者がよく使用する方言で、支援者が分かりにくいと思われるものを選び、簡潔に解説する。
②実際に支援者たちが直面している問題を把握し、それを解決するようなものにする。そのために、被災地の関係者の声も聞きながら、現実的な内容を盛り込む。
③支援者の多岐にわたる活動に目配りをする。
④被災者とのコミュニケーションに役立ててもらえるような項目も盛り込む。

このうち、①は内容についての基本的な方針であり、必要な事項を厳選してコンパクトにまとめあげることを意図している。これまでの方言学の蓄積を活かし、集約的に説明することで、①を実現することができると思われる。一方、今回のような被災地の支援という現実的な目的を考えたとき、現地で実際に起こっている問題について把握しておくことが必要となる。方言学の一般的な知識のみに頼るのではなく、現地で生じている問題を肌で感じて内容を補足していくことが大切だということである。それが②の方針である。

また、③は、医療・行政・がれき撤去等、支援の内容によって必要となる方言項目も異なる部分があると思われるので、その点への配慮を喚起したものである。さらに、④は、このパンフレットを手がかりに、支援者と被災者の間の会話が活性化し、意志疎通が図られることを意図したものである。言葉の形や意味を解説するという実用的な機能だけでなく、支援者と被災者の距離感を縮める心理的な効果も持たせようという考えである。

(2)パンフレットの表現

次に、パンフレットの表現に関しては、次の二点を実現したい。

⑤一般の人にも理解できるように専門用語は使わず、平易な言葉を使用する。
⑥できるだけ文章による解説は避け、例文を示す。

⑤はこのパンフレットが支援者向けであることから当然のことと言える。⑥も同様の趣旨であるが、詳細な解説文よりも、その方言の典型的な使用例を示すことの方が、利用者にとってすばやい理解につながるのではないかと考えた。

(3)パンフレットの体裁

最後に、パンフレットの体裁については、次のような点で工夫を行うのがよいのではないかと思われる。

⑦内容のレイアウトに注意し、視覚的にメリハリのついた構成とする。
⑧親しみやすくするため、カラーにし、キャラクターを添える。
⑨持ち運びやすいように軽量で、ページ数を抑えたものにする。
⑩すぐ破れないような丈夫な紙を使用する。

このうち⑦⑧は紙面のデザインや構成に関わる事項、⑨⑩は外形や媒体に関することがらである。いずれも、支援者が使いやすいパンフレット作りをめざしたものである。

以上のようなパンフレット像を念頭に置いて、実際、どのようにパンフレットを作成し

(1)	気仙沼方言に関する予備知識の収集	気仙沼市での調査を行うにあたり、方言の特徴に起因する被災者と支援者の間のコミュニケーションギャップをある程度予測するため、先行研究によりこの地域の方言の特徴を確認した。
(2)	気仙沼での聴き取り調査	気仙沼市で支援者へのインタビュー調査を行い、現地で起こっている問題点を具体的に把握した。
(3)	**原案**	(1)(2)をもとにパンフレットの原案を作成した。
(4)	**関係者による点検**	パンフレットの原案を気仙沼市の関係各所に持参したり送付したりして、語句や用例を点検してもらった。
(5)	**最終版**	指摘された内容を反映させ改訂し、最終版を 5000 部印刷した。
(6)	**配布**	気仙沼市役所、ボランティアセンター、支援者の宿泊施設、駅の観光案内所等に配布した。
(7)	評価	配布時の反応やアンケートによって、パンフレットについて客観的に評価した。

たのか、次に見ていくことにする。

三・四　作成の手順

実際にわれわれが作成したのは、被災地の一つである気仙沼市の方言パンフレットである。二〇一一年の五月から作業を開始し、八月の下旬に完成させた。その手順は右の流れ図の通りである。

この手順の中で、特に強調しておくべきは⑵の「現地におけるインタビュー調査」である。これは、実際に支援者の直面している問題を把握するために、⑴の予備知識を収集した上で実施した。その際、行政の応援やがれき撤去等のボランティア、あるいは看護師や保健師といった医療関係者など、多岐にわたる支援者の意見を聴取するために、気仙沼市役所、気仙沼市災害ボランティアセンター、聖路加看護大学などから現地の情報を得て調査に入った。現地では、右の施設のほか、避難所となっている体育館等を回って聞き取りを行った。その結果、気仙沼市に全国各地から来られている二一名の支援者からお話をうかがうことができた（**写真１**）。

調査方法は、あらかじめ簡単に「被災地で方言に困ったこと」や「被災者との方言のエピソード」などインタビュー事項を決めて話を聞くという方法で行った。調査の結果、例えば、次のような感想や体験が聞かれた。

発音

・ズーズー弁が聞き取りにくい。
・「あかさたな」の発音の行が違うように感じる。
・声がこもってわかりにくいので、なんとなく推測して聞く。
・発音がわからないので、相手の言った地名を特定できない場合がある。
・救急車が「チューチューシャ」になるので驚いた。

語彙・文法

・「ナゲル」が「捨てる」の意味だと最初は分からなかった。
・道具の名前が違うので戸惑った。
・バールを「バリ」と言う。「バリ追加で!」と言われると分からない。
・「ヒモッコ」と言われた時、相手が紐を持っていなかったらわからなかっただろう。

言語行動

・ぽん!と飾り気のないことばで言われるので、こちらで確認することがある。「AはBだ」のように、窓口で用件をぽんと投げかけられる。

写真１　気仙沼市ボランティアセンターでの聞き取り調査

・ぱっぱと単刀直入に言う。「どんなん？」と聞くと一言で答えてくれる。
・ドアを開けていきなり「血圧ー」と言いながら入ってくる男性がいた。いきなり本題に入るような喋り方をされる。

このように、現地での聞き取り調査によって、支援者がどのような点で被災地の方言に戸惑いを感じるかが明らかになってきた。つまり、会話がまったく成立しないといった深刻な事態はあまり生じていないものの、発音の聞き取りにくさや、意味の分からない言葉があることなど、コミュニケーション上問題となることは多々あるということが分かった。

また、⑷の「被災地の関係者による内容の点検」も重要である。これは、右の作業とは逆に、方言の使用者である被災者の側からの確認作業と言える。この作業によって、例えば、別れのあいさつだと、

「オスズカニ」の使用は高年層であり、より下の世代では「サイナー」をよく使うということが指摘された。また、間違いやすい単語で取り上げた「ナゲル（捨てる）」の例文では、最初「もうナゲねばならね（もう捨てないといけない）。」としていたが、「あどナゲねばわがんねぞ。」の方がより自然だとの指摘もあった。これらの点は、さっそくパンフレットに反映させたが、このように、地元の方々の実感に根ざした改訂ができた点は有意義であった。

四　「支援者のための気仙沼方言入門」

四・一　パンフレットの内容

ここでは、以上のような手続きを経て作成したパンフレットについて、具体的に紹介しよう。次のページ以下に実物の縮小版を載せた。

『支援者のための気仙沼方言入門』と題したパンフレットは、B5判で見開き四ページから成る。その構成と各事項のねらいは次のとおりである。

①「このパンフレットをご覧くださる方へ」＝パンフレットの目的。

このパンフレットをご覧くださる方へ

このパンフレットは、主に気仙沼地方の外から来られたボランティアや医療・行政関係者といった支援者の方々を対象に作成されています。現地の方との交流の中で、初めて聞く方言に戸惑ったこともあるのではないでしょうか。気仙沼の方言をより理解するために、このパンフレットを役立てていただけたらと思います。

なお、このパンフレットは現地で行った支援者の方々へのインタビュー調査の結果をもとに、気仙沼の方言について簡単に紹介しています。

気仙沼方言の位置

気仙沼で話される方言は、全国から見ると東北地方の方言の特徴を持っています。

右の図のように、気仙沼は宮城県の北東部に位置する市で、岩手県南部の沿岸地域と地理的に連続しています。そのため、方言の特徴としては宮城県の言葉の他に、岩手県南部の沿岸地域の言葉とも共通した面があります。

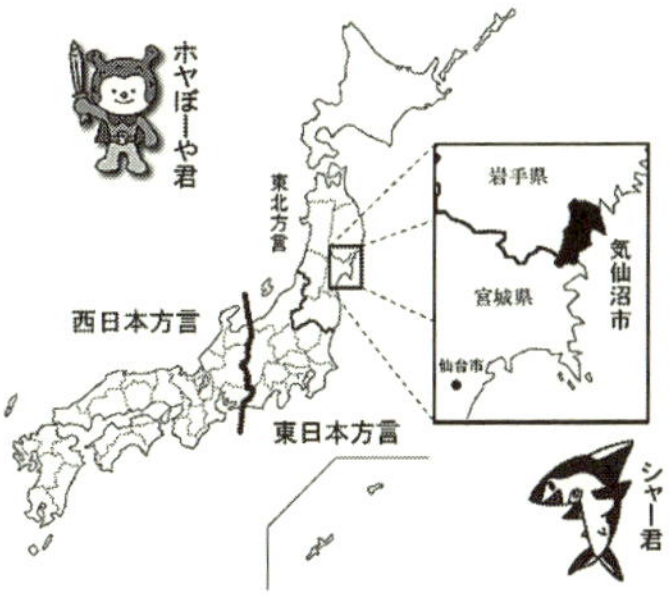

2. 文法

(1)「～サ」(共通語「～に・～へ」)

- O　学校サ行ぐ。　(学校へ行く。)
- O　仕事サ行ぐ。　(仕事に行く。)
- ×　本サ買う。　(本を買う。)

「～に」や「～へ」を、気仙沼では「～さ」と言うよ。「～を」の場合は使えないので注意、シャー。

(2)「～ベ・～ッペ」(共通語「～だろう[推量]」「～しよう[意志]」)

・明日、雨だべ。　(明日雨だろう。)
・みんなでがんばッペ
(みんなでがんばろう。)

「～だろう」と推量したり、「～しよう」と意志を表したりするとき、気仙沼では「ベ・ッペ」を使うよ。

(3)「～ッコ」(身近にある小さい物を親しみを込めて呼ぶときに使う)

・そのひもッコ、取ってけろ。
(そのひもを取ってくれ。)

あめッコ(あめ玉)、花ッコ(花)、お茶ッコ(お茶)、ぼッコ(棒)も使う、シャー。

3. 間違えやすい単語

(1)「ナゲル」(共通語「捨てる」)

・あどナゲねばわがんねぞ。　(もう捨てないとだめだ。)
・ナゲでおいでけろ。　(捨てておいてくれ。)

(2)「ダカラ・ホンダカラ」(共通語「(本当に)そうだね」)

－今日、暑いごとね。(今日は暑いね。)
－ホンダカラ！　(本当にそうだね。)

相手の話に強い同意を示すとき、「ダカラ」を使うよ。共通語の「～なので」と間違えやすいから注意してね！

(3)「コワイ」「コエー」(共通語「疲れた」)

・コエーなあ。　(疲れたなあ。)

(4)「ワガンネ」(共通語「だめだ」)

・そんなごとやってワガンネヨ。　(そんなことやってはだめだ。)
・寒ぐでワガンネ。　(寒くてだめだ・仕方ない。)

気仙沼方言って、どんな方言??

気仙沼の方言にはどんな特徴があるのでしょうか。
分かりにくい点、注目すべき点についてご紹介します。

１．発音

（１）シがスに聞こえる

シはスに、チはツに、ジはズに聞こえます。いわゆる「ズーズー弁」です。

「獅子(しし)」
「煤(すす)」
「寿司(すし)」
→「スス」

「知事(ちじ)」
「地図(ちず)」
「辻(つじ)」
→「ツズ」

> 気仙沼の地名だと、
> 「鹿折(ししおり)」が「ススオリ」
> 「鮪立(しびたち)」が「スビダヅ」
> に聞こえることがあるかも。

他にも、シュはス、ジュはズ、チュはツに聞こえます。
「手術(しゅじゅつ)」→「スズツ」

（２）カ行・タ行がガ行・ダ行に聞こえる

たとえば「開ける」は「アゲル」、「的」は「マド」のように聞こえることがあります。ちなみに、共通語の「上げる」や「窓」など、もともとの濁音は鼻にかかって聞こえます。

「開ける」→「アゲル」
「的(まと)」→「マド」

「上げる」→「アンゲル」
「窓(まど)」→「マンド」

> 支援者の方へのインタビューで得られた、***音がこもって聞こえる***という感想は、この鼻濁音によるものだと思われる、シャー。

（３）キがチに聞こえる

キがチに聞こえることがあります。

「柿(かき)」→「カチ」
「来た(きた)」→「チタ」

> 支援者の方から聞いた話だと、「***救急車が「チューチューシャ」に聞こえた。***」という体験談があったよ。

使ってみよう！おススメの気仙沼方言！

○夕方から晩のあいさつ

「**オバンデス**」（こんばんは）

「［目上の人へ］**オバンデゴザリス**」（こんばんは）

○別れのあいさつ

「**サイナー**」（さようなら）

「**マタダイン**」（また来てください）

「**オスズガニ**」（お静かに、おやすみなさい）

○そうです：「**ホデガス**」

病気や気分を表す語　看護師や保健師の方へ

「**アンベァ（按配）**」：健康状態。

「**サブキ**」：咳。

「**ハラピリ**」：急な下痢。

「**フケサメ**」：病状がよく変わること。

「**コザス**」：病気をこじらせる。

「**スッコグル**」：皮膚をすりむく。

「**イズイ**」：違和感がある様子。

「**ハカハカ**」：息切れする様子。

「**アフラアフラ**」：ふらふらして元気がない様子。

「**ネダソラネエ**」：寝た気持ちになれない様子。

「**セラセラスル**」：のどがいらいらする様子。
（セセラポイ）

気仙沼地方の人体呼称図

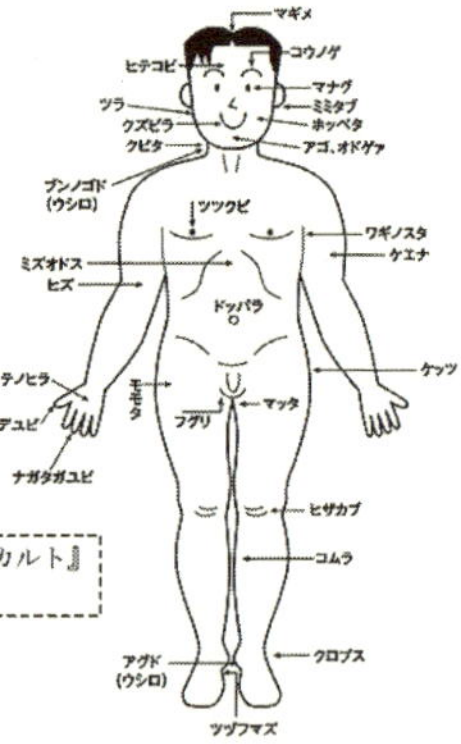

菅原孝雄著『けせんぬま方言アラカルト』
三陸新報社をもとにしています。

道具の名称　ボランティアの方へ

「**クマデ**」：鉄の歯がくし状に並ぶ道具。泥かきなどに用いる。一般的には大きいものをレーキ、小さいものをクマデと呼ぶ。気仙沼ではどちらもクマデ。

「**ネコ**」：一輪車（資材を運ぶ手押し車）

「**バリ**」：バール（釘抜きのような形の道具）

気仙沼市役所・教育委員会・地元関係者の皆様、そして気仙沼に来られた支援者の皆様からご協力を得て作成しました。

このパンフレットについてのご意見・ご感想をお聞かせ下さい！

支援者のための気仙沼方言入門
2011年8月27日　発行
作成：東北大学文学部国語学研究室
〒980-8576 仙台市青葉区川内27-1
TEL・FAX：022-795-5987
E-mail：kobataka@sal.tohoku.ac.jp

②「気仙沼方言の位置」＝全国の中での気仙沼方言の位置づけ。
③「気仙沼方言って、どんな方言？」＝わかりにくい、あるいは注目すべき発音、文法、語彙の特徴。
④「使ってみよう！おススメの気仙沼方言！」＝被災者との心理的距離を縮めるための挨拶や応答詞の方言。
⑤「病気や気分を表す語・人体呼称図」＝看護師や保健師のためのコーナー。
⑥「道具の名称」＝瓦礫処理等のボランティアのためのコーナー。

このうち、一ページ目の①と②は導入にあたる部分である。まず①では、パンフレットを手にした支援者に対して、その目的を伝えた。②では気仙沼市の位置を示す地図を掲載し、全国の中での気仙沼方言の位置づけを述べた。

続く二・三ページ目の③は気仙沼方言の概説にあたり、その特徴として「発音」・「文法」・「間違いやすい単語」の三分野について説明した。「発音」の項目では、いわゆるズーズー弁の特徴、有声化、鼻音化、口蓋化について解説した。これらの項目を挙げたのは、先に示したように、インタビュー調査でも多くの支援者から、発音上、聞き取りにくい面があるとの回答を得ていたためである。「文法」では、格助詞の「サ」、意志推量の

「べ／っぺ」、指小辞の「ッコ」を取り上げた。「間違いやすい単語」の項目では、共通語と語形が似ていて使用頻度も高い「ナゲル」、「ダカラ」、「コワイ」、「ワガンネ」を挙げた。この項目を設けたのは、これらの方言が共通語と類似した形をしているために、却って誤解を招きやすいと考えたからである。実際、「ナゲル」については、実際そうした恐れがあったことは、前節で指摘したとおりである。

なお、前節に例示したように、現地での聞き取り調査では言語行動に関するコミュニケーションギャップの問題も存在することがうかがえた。すなわち、気仙沼方言においては直接的で飾り気のない表現が行われるが、これが不躾で無愛想な印象を支援者に与える恐れがあるという点である。しかし、この現象は単に言葉の問題にとどまらない面を含むので、その扱いは慎重にすべきと考えた。そこで、今回のパンフレットには、言語行動面の事項は含めていない。

最後の四ページ目では、まず④で、支援者と被災者の心理的距離を縮めるような方言を取り上げた。すなわち、支援者が比較的簡単に使うことのできる方言として挨拶の方言などを掲載した。また、⑤⑥では支援の内容に応じて必要となりそうな方言を示した。医療ボランティア向けには⑤で、菅原孝雄著『けせんぬま方言アラカルト』をもとに、人体呼称図と病気や気分を表す語を掲載した。また、ボランティア向けには⑥で、聞き取り調

写真２　総合体育館にて佐賀県からの支援者にパンフレットを配布

査の結果から、屋外活動で用いるバールや一輪車等、道具の方言名称を掲載した。

さらに、パンフレットの体裁面では、親しみやすさを込めて、気仙沼市のキャラクターである「ホヤぼーや君」と「シャー君」を取り入れた。これらの使用にあたっては、気仙沼市観光課等の協力を得ている。

四・二　パンフレットに対する反応

作成したパンフレットは、再び現地を訪れて配布した。具体的には、気仙沼市役所やボランティアセンターのほか、避難所となっている総合体育館、気仙沼高校体育館、気仙沼中学校体育館、気仙沼市民会館に配布した。また、支援者が宿泊しているホテル・旅館や、外部からの人たちが立ち寄る観光案内所にも置いてもらった（**写真２**）。

今回作成したパンフレットの中には、パンフレットに対する意見・感想を集めるためのアンケートを挟んだのだが、現時点では、支援者からも被災者からも「分かりやすく、役に立つ」と概ね好評である。「年配の方のことばが分かるようになった」との支援者の声もあった。

さらに、今後被災地に入るボランティア団体から「支援に訪れる予習としてパンフレットが欲しい」という声や、あるいは、被災地外の地域から「是非このパンフレットを参考にしたい」といった声も聞かれた。それらの要望に応えるために、無償でパンフレットの現物を送付した。また、東北大学方言研究センターのホームページにパンフレットの画像データ(PDFファイル)を掲載し、そこから直接、ダウンロードができるようにした(URLは末尾の文献一覧参照)。

一方、利用者からの今後への要望としては、まず、地元関係者から「もっと多くの方言を取り上げてほしい」という声が聞かれた。また、遠方の支援者からは「イントネーションが分からないので日常会話のテープがあればありがたい」という声も聞かれた。

五　課題と今後への提言

以上、被災地支援のための方言パンフレットの作成について述べてきた。最後に、こうしたパンフレットの作成に関して、三つの観点から今後の課題について考えてみたい。

(1)求められるパンフレット像

前節末尾に紹介した利用者の要望に注目すると、パンフレットの中身の充実と、実際の音声を聞かせる工夫とが求められていることがわかる。

前者の点に関しては、竹田晃子(二〇一二)『東北方言オノマトペ用例集』がある。この冊子は、特に被災地に入る医療従事者のために作成されたもので、被災地全域の方言オノマトペ(擬音語・擬態語)が集められている。Ｂ６判サイズと小型だが、全体が二〇二ページにも及び、震災発生後一年を経過して刊行された。被災地支援の一環として作られたものといっても、『支援者のための気仙沼方言入門』とはだいぶ方向性が異なっている。

今、この二つのパンフレット(冊子)を比較すると、次のような点で方針の違いがあることがわかる。

○対象地域：A．被災地の全域で使用できる汎用的なものか、それとも、B．特定の地域に限定した集中的なものか。
○対象分野：A．言葉の全分野を視野に入れるか、それとも、B．特定の分野に焦点を当てるか。
○規模・形式：A．充実した内容の冊子にするか、それとも、B．コンパクトな内容のパンフレットにするか。

これらの点での違いについては、一長一短があり、単純にどちらがよいという議論はできない。また、それぞれの観点のA・Bを組み合わせると八通りのパターンができることになるが、目的や労力・経費・時間などによって選択されるものが自ずと異なってくると思われる。

利用者から提出されたもうひとつの要望、すなわち、実際の音声を聞かせる工夫については、例えば、パンフレット（冊子）にCDを付けるといった方式が考えられるが、その製作にはある程度の時間がかかりそうである。東北大学方言研究センターでは、それに代わるものとして、HPで被災地の談話データを公開し、支援者の予習に役立てることを計画している。

(2) 支援者・被災者のニーズへの対応

今回の試みでは、支援者のニーズをもとに原案を作成し、地元関係者の意見や感想を取り入れて改訂を行った。つまり、被災地での実用性を重視しつつ、被災者である地域住民の感情や方言意識に配慮して作成を進めたのである。

また、完成したパンフレットの配布時には中にアンケートを入れ、実際の使用にあたっての感想を吸い上げることにした。その結果は、パンフレットの改定や次のパンフレットの作成に活かすことができるであろう。

結局、このパンフレットに関しては、作成・配布などの各段階で三回にわたって支援者や被災者のニーズを汲み取ったことになる。

a. 資料収集段階…現実の問題についての支援者に対する聞き取り調査
b. 作成段階…被災地の関係者によるパンフレットの内容の点検
c. 配布後の段階…実際の使用にあたっての意見・感想の吸い上げ

このように、人々の交流にパンフレットを有効に役立ててもらうためには、支援者へのニーズ調査と地域住民の意見に基づくフィードバックが欠かせない。今回のパンフレット

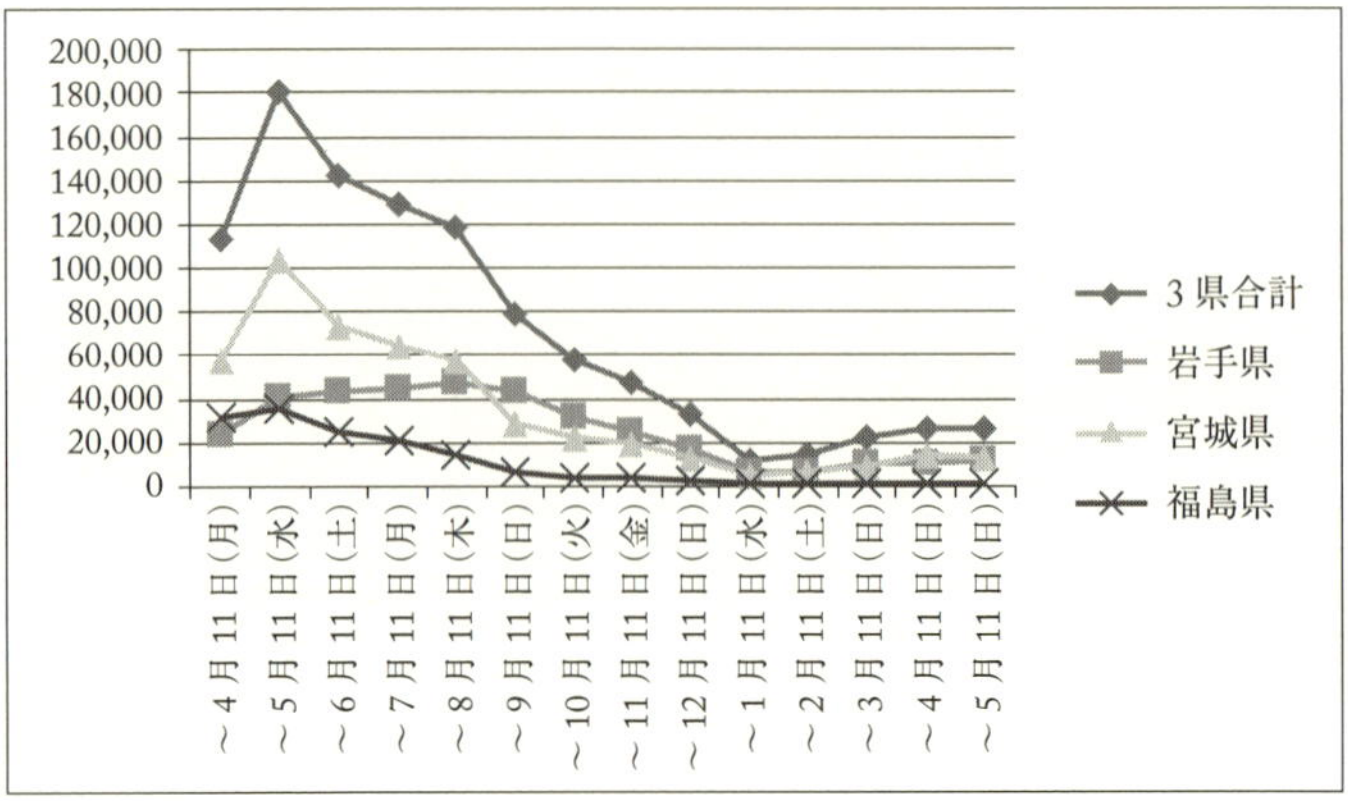

図1　ボランティア活動者数の一か月ごとの推移（全国福祉協会HPより）

については、右のａについてはある程度情報を集めることができたが、ｂとｃについては十分行うことができたとは言えない面がある。こうした作業をいかに効率よく徹底できるかが、今後のパンフレットの質的向上に大きく関わるものと思われる。

(3) パンフレット作成の緊急性と行政との連携

今回のパンフレットの完成は地震発生後、五か月を経過してからである。その緊急性から考えれば、より手早く作成して支援者に届ける必要があっただろう。ボランティアの数で言えば**図1**のように、震災発生直後の五月をピークに急激に減少していることがわかる。作成が遅れれば遅れるほど、その効果は限定的なものになってしまうのである。

この点は、先に(1)で論じた、どのようなパンフレットを作るかという問題とも関わる。もちろん、拙速は避けるべきであり、できれば時間をかけて内容の充実を図りたい。しかし、今回のような緊急の用に間に合わせるためには、それよりも手早く要点をまとめたものを作成し、現地に届けることの方が望ましいのではないかと思われる。

もっとも、今後のことを考えた場合、ある程度時間をかけてパンフレット作りを行うことができる。つまり、今回のように災害が起こってから慌てて動くのではなく、あらかじめ、今後の災害に備えてパンフレットを用意しておくのがよいであろう。その中で、(1)に指摘したような、求められるパンフレット像についての検討も行うべきである。

また、そうした災害に備えたパンフレット作りは、災害の可能性のある地域、おそらく日本全国で展開していくことが必要である。それは、一部の研究者のみでは難しく、各地の研究者同士が手を取り合って対応していかなければならない作業であろう。さらに、そのような取り組みの効果を挙げるためには、行政との連携が欠かせない。それどころか、作成に関わる必要経費、あるいは、いざというときの配布体制などを考えた場合、パンフレット作成の主体は、研究者であるよりも、むしろ国や地方の行政機関であることが望ましいと思われる。行政機関が主導し、研究者が積極的に関わるようなしくみができあがれば、パンフレット作りも実質的な効果が期待できると考えられる。

はじめに戻って考えるならば、パンフレットのほかにも、支援者と被災者のコミュニケーションを円滑にするための手段は、いろいろありうるはずである。それらの方法を広く検討しつつ、一方で、パンフレットの改善を図っていかなければならない。

それにしても、インターネットや図書館の使えない災害の現場では、手元に携帯できる簡便なパンフレットが有用であることはまちがいなかろう。われわれが作成した『支援者のための気仙沼方言入門』が一つの叩き台となり、より機能的なパンフレットが工夫されていくことを期待する。

文献

今村かほる・岩城裕之・工藤千賀子・友定賢治・日高貢一郎(二〇一〇)「医療・看護・福祉現場における方言教育」『日本語学会二〇一〇年度秋季大会予稿集』

今村かほる(二〇一一)「医療と方言」『日本語学』三〇-一

菅原孝雄(二〇〇六)『けせんぬま方言アラカルト　増補改訂版』三陸新報社

竹田晃子(二〇一二)『東北方言オノマトペ用例集—青森県・岩手県・宮城県・福島県—』国立国語研究所

東北大学方言研究センター(二〇一一)「支援者のための気仙沼方言入門」東北大学国語学研究室(http://www.sal.tohoku.ac.jp/hougen/symposium2.html)

日高貢一郎(二〇〇七)「福祉社会と方言の役割」小林隆編『シリーズ方言学三　方言の機能』岩波書店

付記

パンフレット「支援者のための気仙沼方言入門」はまだ残部があります。ご希望の方は、東北大学方言研究センター（電話：〇二二―七九五―五九八七・五九八八、Ｅメール：kobataka@sal.tohoku.ac.jp）にご連絡くだされば、無料でお送りします。

【コラム　被災地の方言を知ろう！】6　文法①「サ」

「京へ筑紫に坂東さ」ということわざを聞いたことはあるでしょうか。これは室町時代のことわざで、「～へ行く」というときの「～へ」を、京都では「へ」、筑紫（九州）では「ニ」、坂東（関東）では「サ」を用いるということを表しています。このうち、関東の「サ」は現在では栃木県、茨城県付近に残っていますが、東北地方においてもよく用いられています。

特に東北地方で用いられる「サ」は、共通語の「へ」だけでなく、「に」が使われる場面でも使用されています。しかし、その用法の幅は、以下に示すように場所によってさまざまです。

例えば国立国語研究所が一九八〇年代に行った調査から、「東の方へ行け」（移動の目標、**図1**参照）という文では被災地のほぼ全域で「サ」を用いることが出来ますが、「おれに貸せ」（授与の相手、**図2**参照）という文では茨城県全域と福島県で「サ」を用いることが出来ないことがわかります。また、「見に行った」（移動の目的〈動詞連用接続〉、**図3**参照）という文では茨城県と青森県で使用出来ないところが出てくること（日本海側はほとんど使用できません）、「ここにある」（存在の場所、**図4**参照）という文にいたっては福島県の沿岸北部を除いてほとんどの被災地で「サ」は使えないということがわかります（「見に行った」とは対照的にこちらは日本海側で活発です）。

ただし、近年の調査（玉懸二〇〇三）では、宮城県若年層において「ここにある」という文でも「サ」が使えるという結果が得られていますので、他地域でも使用範囲が変化している可能性があることには留意する必要があります。

このように、同じ「サ」でも用法によって使えるところと使えないところがあるといっ

図１　東の方へ行け

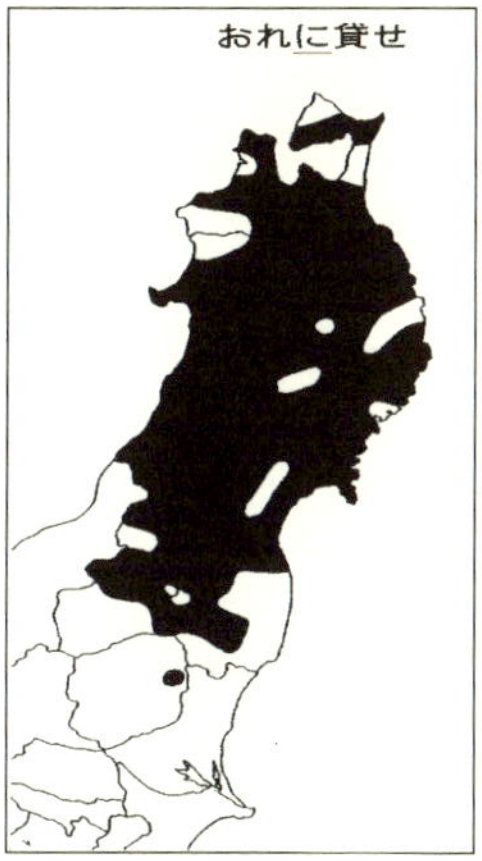

図２　おれに貸せ

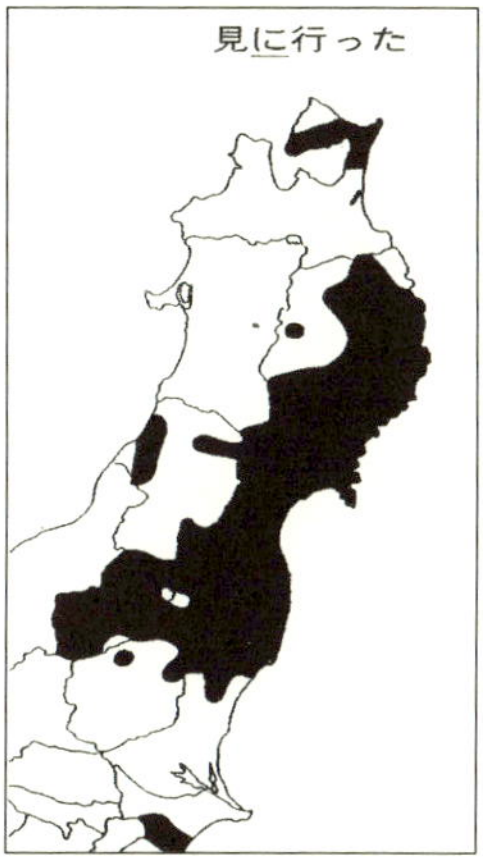

図３　見に行った

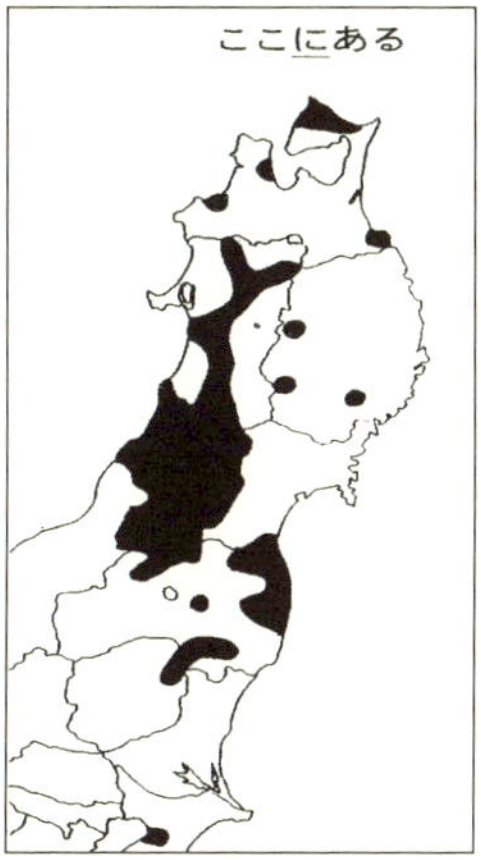

図４　ここにある

東北地方におけるサの用法分布
〔小林（2004）より一部改変して作成〕

たこともおわかりいただけると思います。

【文献・資料】

小林隆（二〇〇四）『方言学的日本語史の方法』ひつじ書房
玉懸元（二〇〇三）「格助詞・副助詞・終助詞」小林隆編『宮城県石巻市方言の研究』東北大学国語学研究室

【コラム　被災地の方言を知ろう！】７　文法②「べ」

震災後、仙台市の街中では「がんばっぺ！宮城」「頑張っぺ東北」などというスローガンが書かれているポスターや看板を多く目にしました。また、第3章の事例で見たように、震災の救援活動に取り組む自衛隊員がヘルメットに貼った応援メッセージも「がんばっぺ！みやぎ」でした。

これらは「がんばろう！宮城」「頑張ろう東北」といった意味ですが、このような表現で「べ」や「ぺ」が使われるのも東北や関東の方言として有名なものです。

この「頑張っぺ」は勧誘の表現、すなわち一緒に頑張ろうという意味であり、**図1**を見ると東北や北関東一帯に▲が広がっていることから、勧誘の「べ（ぺ）」は広い範囲で用いられていることがわかります。

勧誘に似た意味で、「あしたは早く起きよう」と一人でつぶやく時の「起きよう」のような意志の表現がありますが、「べ（ぺ）」はここでも用いられています。**図1**の○は意志で「べ（ぺ）」系が使われる地域を示していますが、こちらは東北・北関東一帯に現れていた勧誘とは違い、日本海側には現れず、太平洋側にのみ現れていることがわかります。ここから、「べ（ぺ）」を使った意志表現は、特に被災地がある太平洋側で活発に用いられている表現だと言えるでしょう。

これら勧誘や意志のほか、「べ（ぺ）」は「明日のお祭り、お前も行くだろう？」の「行くだろう」のような確認の表現や、「この天気じゃ、たぶん明日も雪だろう。」の「雪だろう」のような推量の表現でも使われますので、さまざまな用法を持っている形式だと言えます。

ただ、意志と勧誘の両方で「べ（ぺ）」を使うといっても、例えば茨城県では「べ」の後にヨをつけて「べヨ」という形で勧誘を表すことが多いようですし、また宮城県気仙沼市では「べシ」という形で勧誘を表します。このように、同じ「べ（ぺ）」でも地域ごとに細かな言い分けがなされ、それがその地域の特色となって現れているのです。

図1 意志・勧誘で「べ」を使う地点
〔『方言文法全国地図』第5集第232図・235図より作成〕

【文献・資料】

国立国語研究所編（二〇〇二）『方言文法全国地図』第五集　財務省印刷局

〔付記〕図１の作成にあたっては国立国語研究所による方言文法全国地図データおよびプラグインを利用した。

第5章　人々をつなぐ方言情報ネットワーク

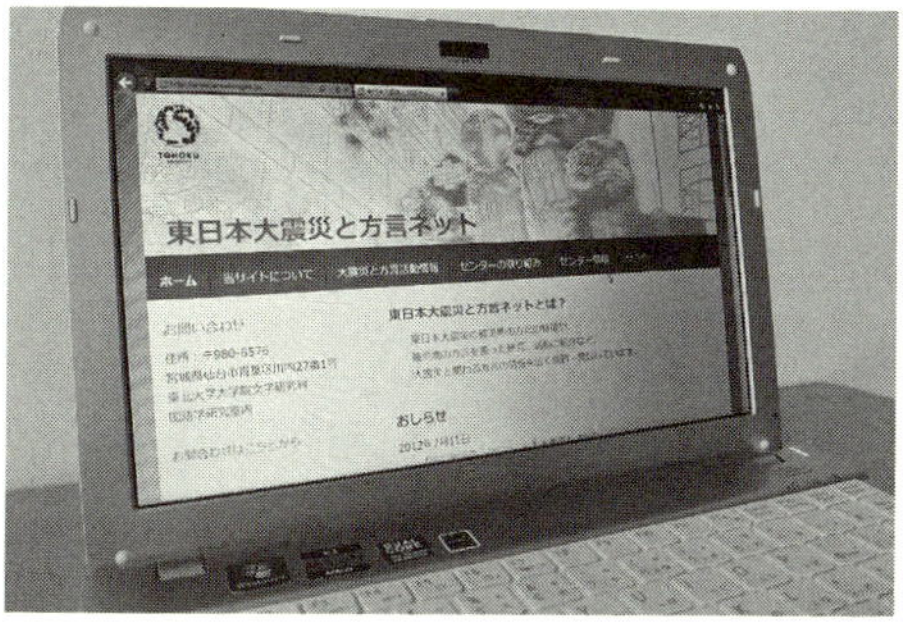

一　Webサイトによる情報発信

今やあらゆる分野において、Webサイト等によるインターネット上での情報発信が一般的なものになった。

昨年三月の東日本大震災に際しても、Webサイトによる情報発信が、被災地などでの迅速な情報の把握・共有につながり、それを元にした現実の活動の促進・連携に役立った。「被災地で○○が足りない！」、そういったネット上の声に突き動かされ、救援物資を救援物資運搬所に持って行った方も少なからずいるだろう。

その意味で、Webサイトが様々な面で有用な情報管理システムの一つとして機能したことは間違いない。それは学術界の動向においても同様である。

例えば、日本地理学会は、二〇一一年三月一四日に、東北地方太平洋沖地震・日本地理学会災害対応本部を設置し、その後、大震災に関わる情報を集めた専用特設Webサイト（以降、特設サイトと略する）を設けた（次頁**図1**）。地理学関連学会等の企画の紹介、学会会員の提言・提案、地震の解説、各地の被害報告の情報の集約、関連サイトの紹介等を次々に行っている。

災害緊急速報

東北地方太平洋沖地震・日本地理学会災害対応本部

災害対応本部の活動は終了致しました（2012年3月31日）

本部長挨拶

日本地理学会会員の皆様への御願い

（対応本部からのお知らせ）

2万5千分の1津波被災マップ2011年完成版（2011.12.11公開）

現地調査の際の留意事項

（災害関連情報）

災害対応本部ＨＰへ投稿希望の方へ（学会員のみ）

［地理学関連学会等の企画］

・2011.5.28に日本地理学会が緊急集会「東日本大震災からの復興と地理学　一貢献のあり方を考える一」を開催します。（PDF形式：約0.1MB）

・2011.5.26～27に日本地球惑星科学連合が緊急セッションを開催します。

・2011.5.22に経済地理学会が緊急ラウンドテーブル「東日本大震災の復旧・復興と経済地理学の課題」を開催します。（PDF形式：約0.1MB）

［提言・提案］

2011.3.29掲載(2011.4.6加筆修正)
知識情報社会の開発哲学を確立し　新しい国のかたちを創る復興グランドデザインの策定を（PDF形式：約0.1MB）
戸所　隆（高崎経済大学）

2011.3.27掲載
「東日本大震災からの復興をめざす地理学会シンポジウム」の早期開催を（PDF形式：約0.1MB）
小野有五（北海道大学）

2011.3.22掲載
いま、政府は「復興理念」を表明するとき（PDF形式：約0.1MB）
東北地方太平洋沖地震津波災害からの復旧復興に関する緊急提言（PDF形式：約0.2MB）
遠地避難情報管理システムの構築（提案）（PDF形式：約0.1MB）
中林一樹（首都大学東京）

［地震解説］

2011.3.19掲載
2011年3月12日長野県・新潟県県境付近の地震（PDF形式：約0.4MB）
松多信尚・杉戸信彦（名古屋大）・廣内大助（信州大）⇒名大地震火山・防災研究センターの特集ページ

2011.3.15掲載
東北地方太平洋岸のプレート境界地震と津波災害（PDF形式：約0.2MB）
奥村晃史（広島大学）

［各地の被害報告］

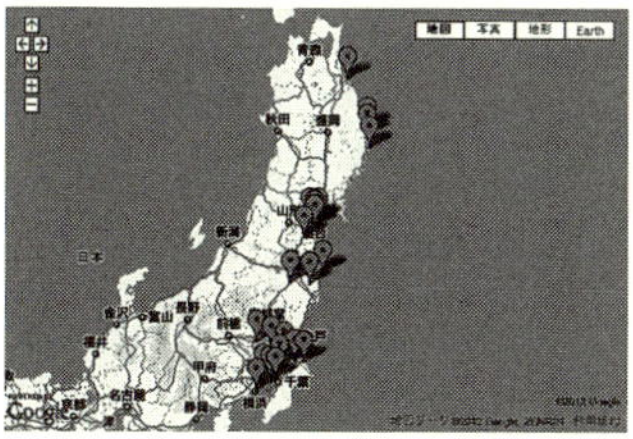

2011.7.15掲載
原発事故に伴う東北地方太平洋側地域の大気および地表の汚染状況（続報）（PDF形式：約0.7MB）
尾方隆幸（琉球大学）

2011.6.21掲載
仙台市宮城野区福田町における小規模な津波浸水の痕跡（PDF形式：約1.0MB）
澤田結基（福山市立大学）

2011.6.21掲載
土浦市霞ヶ浦総合公園の液状化被害状況と土地の履歴（PDF形式：約3.0MB）
小荒井　衛

2011.6.21掲載
利根川下流域（我孫子市布佐・神崎町向野）の液状化被害状況と土地の履歴（PDF形式：約5.5MB）
小荒井　衛

図1　東北地方太平洋沖地震・日本地理学会災害対応本部 Webサイト（2012年4月）
http://www.ajg.or.jp/disaster/201103_Tohoku-eq.html

また、被災地の留学生などの情報弱者に、適切な形で情報が伝わるよう、それぞれの母語への翻訳を施して情報を発信するＷｅｂサイト（次頁**図2**）など、その研究分野の特徴を活かした情報を、アクセスしやすいＷｅｂ上で公開することで被災者への直接的な支援を試みたサイトもある。

こういった活動は、その分野の研究者に向けては、情報を効率的に知ることができる有用な情報源の提供になり、大震災との関わりを考える研究の進展を助け、促進する効果が見込める。さらにそればかりでなく、学会全体として、大震災との関わりを考える研究やその研究分野に関わる社会の諸活動への関心を高めることにもつながる。最終的には、被災地での調査・研究を促進することで、被災地復興への手助けとなることだろう。

一方、被災者、支援者の立場に立てば、これらＷｅｂ上での情報集約・発信の取り組みは、被災地と被災地以外の地域の情報のつながりを密にし、被災者と支援者、被災者と研究者、支援者と研究者、そして時に被災者同士をもつなぐ、紐帯（ちゅうたい）の役割を果たすと言える。

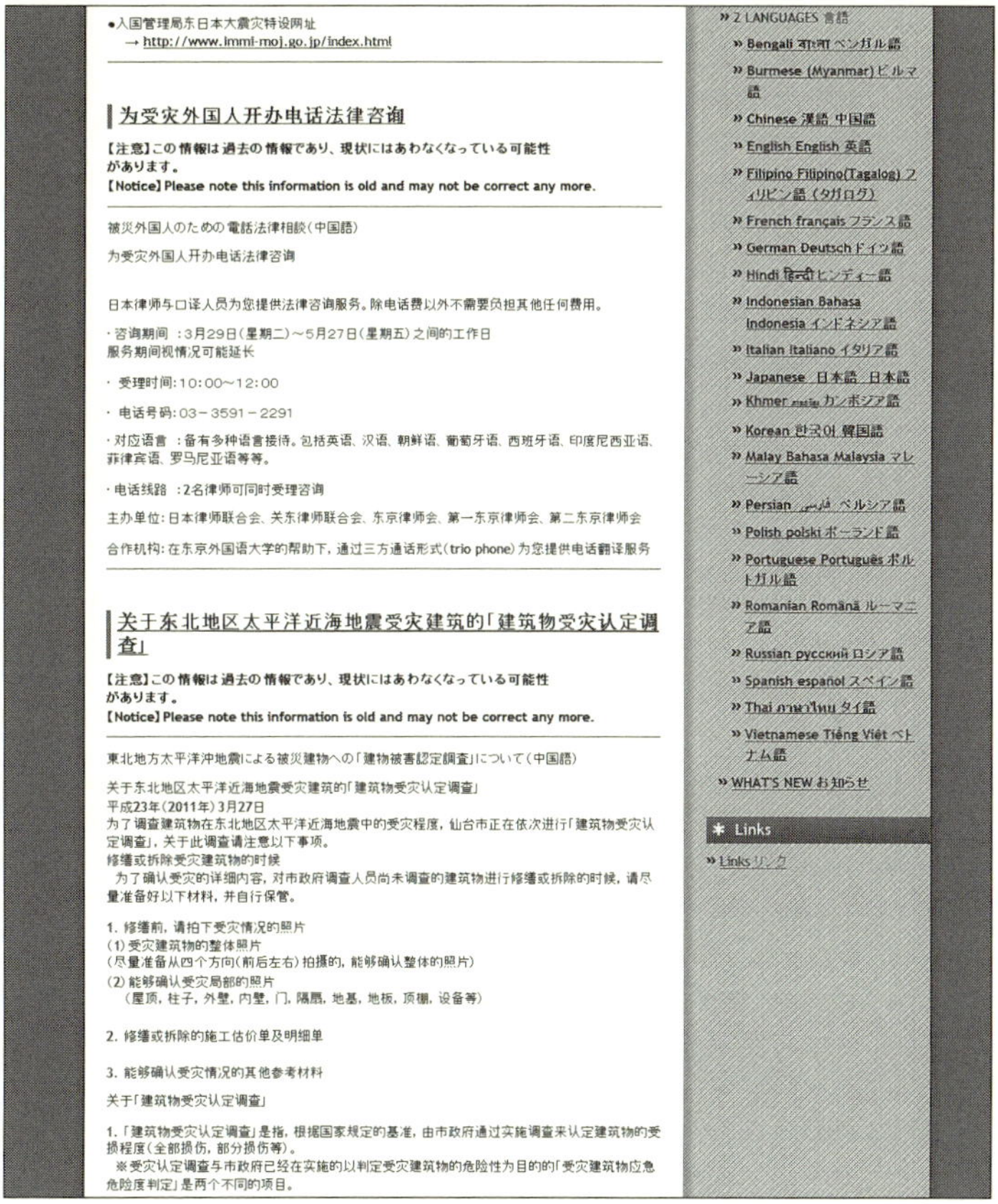

●入国管理局东日本大震灾特设网址
→ http://www.immi-moj.go.jp/index.html

为受灾外国人开办电话法律咨询

【注意】この情報は過去の情報であり、現状にはあわなくなっている可能性があります。

【Notice】Please note this information is old and may not be correct any more.

被災外国人のための電話法律相談（中国語）

为受灾外国人开办电话法律咨询

日本律师与口译人员为您提供法律咨询服务。除电话费以外不需要负担其他任何费用。

・咨询期间　：3月29日（星期二）～5月27日（星期五）之间的工作日
服务期间视情况可能延长

・受理时间：10：00～12：00

・电话号码：03－3591－2291

・对应语言　：备有多种语言接待。包括英语、汉语、朝鲜语、葡萄牙语、西班牙语、印度尼西亚语、菲律宾语、罗马尼亚语等等。

・电话线路　：2名律师可同时受理咨询

主办单位：日本律师联合会、关东律师联合会、东京律师会、第一东京律师会、第二东京律师会

合作机构：在东京外国语大学的帮助下，通过三方通话形式（trio phone）为您提供电话翻译服务

关于东北地区太平洋近海地震受灾建筑的「建筑物受灾认定调查」

【注意】この情報は過去の情報であり、現状にはあわなくなっている可能性があります。

【Notice】Please note this information is old and may not be correct any more.

東北地方太平洋沖地震による被災建物への「建物被害認定調査」について（中国語）

关于东北地区太平洋近海地震受灾建筑的「建筑物受灾认定调查」
平成23年（2011年）3月27日
为了调查建筑物在东北地区太平洋近海地震中的受灾程度，仙台市正在依次进行「建筑物受灾认定调查」，关于此调查请注意以下事项。
修缮或拆除受灾建筑物的时候
为了确认受灾的详细内容，对市政府调查人员尚未调查的建筑物进行修缮或拆除的时候，请尽量准备好以下材料，并自行保管。

1. 修缮前，请拍下受灾情况的照片
(1) 受灾建筑物的整体照片
（尽量准备从四个方向（前后左右）拍摄的，能够确认整体的照片）
(2) 能够确认受灾局部的照片
（屋顶，柱子，外壁，内壁，门，隔扇，地基，地板，顶棚，设备等）

2. 修缮或拆除的施工估价单及明细单

3. 能够确认受灾情况的其他参考材料

关于「建筑物受灾认定调查」

1. 「建筑物受灾认定调查」是指，根据国家规定的基准，由市政府通过实施调查来认定建筑物的受损程度（全部损伤，部分损伤等）。
※受灾认定调查与市政府已经在实施的以判定受灾建筑物的危险性为目的的「受灾建筑物应急危险度判定」是两个不同的项目。

» 2 LANGUAGES 言語
» Bengali বাংলা ベンガル語
» Burmese (Myanmar) ビルマ語
» Chinese 漢語 中国語
» English English 英語
» Filipino Filipino(Tagalog) フィリピン語（タガログ）
» French français フランス語
» German Deutsch ドイツ語
» Hindi हिन्दी ヒンディー語
» Indonesian Bahasa Indonesia インドネシア語
» Italian Italiano イタリア語
» Japanese 日本語 日本語
» Khmer カンボジア語
» Korean 한국어 韓国語
» Malay Bahasa Malaysia マレーシア語
» Persian فارسی ペルシア語
» Polish polski ポーランド語
» Portuguese Português ポルトガル語
» Romanian Română ルーマニア語
» Russian русский ロシア語
» Spanish español スペイン語
» Thai ภาษาไทย タイ語
» Vietnamese Tiếng Việt ベトナム語
» WHAT'S NEW お知らせ

Links

» Links リンク

図2　東京外国語大学多言語災害情報支援サイト（中国語版）（2012年4月）
http://www.tufs.ac.jp/blog/ts/g/tufs_disaster_information/cat1036/chinese/

しかし、こと、方言学の分野においては、大震災と関連する方言の研究の情報などを集約・発信する、中心となるＷｅｂサイトが未だ存在しない。

そこで、我々、東北大学方言研究センターは、インターネット上で、大震災と関連する方言の活動の情報を広く集約・発信するＷｅｂサイト「東日本大震災と方言ネット」を立ち上げることを考えた。

Ｗｅｂサイトの運営は、東北大学方言研究センターが母体となって行う。これは、被災地にあるからこそ集められる情報も数多くあると考えるからである。

例えば、東北大学は、災害科学国際研究推進プロジェクトの一環として、文系・理系の防災・減災研究を統合し、実践的な防災・減災の研究を推進するための組織、災害科学国際研究所を立ち上げているが、そのＷｅｂサイトには、「東震録（とうしんろく）」という、東北大学の人々がどのような形で三月十一日を経験し、現在までの過程を経てきたのか、個人的で主観的な体験と記憶を共有、記録していく震災体験記録を集めた資料アーカイブがある。これも、大震災の渦中にあった大学だからこそ集められた、貴重な大震災の記録と言える。

こういった点で、方言に関する情報の集約・発信の取り組みでも、被災地とそれ以外の地域を結ぶ中継地点の役割を、東北大学方言研究センターが担うというのも、一つのあり方として十分考えられることであろう。

本章では、今後運営していく「東日本大震災と方言ネット」(二〇一二年六月〜、http://www.sinsaihougen.jp/)を、読者の皆様に広く知ってもらうために、当Webサイトを立ち上げるに至るまでの経緯を紹介する。

二　各学術分野の大震災特設Webサイト

方言学の情報を柱に構成する当Webサイトの構想の着手にあたって、我々は、まず、他分野の特設サイトの運用状況を参照し、情報集約、発信などの大震災に関わる取り組みがどれほど、どのように行われているかを把握することにした。

それは、当Webサイト「東日本大震災と方言ネット」でどのような内容(以降、コンテンツ)が可能で、有効かなど、コンテンツ決定のための検討などを行い、「東日本大震災と方言ネット」の具体的なアイディアを見出そうという目論見である。

そこで、Web検索サイトを用いて、他分野の東日本大震災の特設サイトを探し、特設サイトがあった場合、当Webサイトの目的達成に有用なアイディアなどの収集のため、合わせてそのWebサイトの内容を把握する試みを行った(本書で扱うのは二〇一二年三月時の検索結果)。

二・一　どれくらいあるか

最初に、どれだけの学術分野で特設サイトが設けられているかという、特設サイトの量を見てみよう。検索サイトで、「東日本大震災」というキーワードと、各学術分野名のキーワードを使ってand検索し、結果の上位のうちに特設サイトがあるかを確かめる方法で、特設サイトの有無を確認した。すると、様々ある学術分野、三五六分野の内、二〇二分野で特設サイトが確認でき、残り一五四分野では確認できなかった。

つまり、全体の約五七%、半分以上の学問分野で、特設サイトを設けているということである。

これらの特設サイトは、例えば、気象学、自然災害科学、地震工学、海洋物理学、核融合学、原子力学、放射線科学、衛生学、救急医学など、災害に直接かかわる分野はもちろんのこと、地理学、土木建築工学、社会心理学、心理学、メディア情報学、政治学、法学、畜産学、農学、水産学など、多岐に渡る分野のものがあり、それぞれ、特設サイトで様々な取り組みを行っている。

特に、我々の行う取り組みに関わって注目したい点は、このような様々な分野が並ぶ中で、芸術、美術、考古学、日本史、文化人類学、文化財科学など、主に社会の文化的側面を取り扱う分野でも、特設Ｗｅｂサイト設置の取り組みをしていることである。

今回の大震災に端を発する一連の災害は、人的・物的資源に被害を及ぼすと同時に、文化的財産や、文化的活動にも深刻なダメージを与えている。それを察知した研究者が、各々の分野で、有形・無形の文化の保護の活動に臨み、その取り組みを広げようとしている証として捉えられよう。

特に、人文地理学、社会心理学、民俗学など、地域を研究の情報源とし、貴重な研究情報を得ている分野でも、多く特設サイトが設けられていることが分かった。その点から言っても、地域に住む人々を主な情報源とし、育ってきた方言学の分野でも、「東日本大震災と方言ネット」のような取り組みは、あって何ら不思議ではないと考えられる。

二・二　どんなことをしているか

さて、次に、探し出したそれぞれの分野の特設サイトには、どんなコンテンツがあり、また、どんな情報発信の工夫がなされているかを紹介する。

例えば、多くの特設サイトでは、学会の震災関連活動の広報、お見舞いのメッセージの掲載・紹介、義捐金の募集、それぞれの分野に関連する情報へのリンク集などが見られる。

それらに加えて、Ｗｅｂの情報発信力を利用し、特色ある活動を展開するサイトも存在する。ここでは、特に、大震災に関わる情報が、整理・工夫された上で配信されている、社会心理学会が運営する特設サイト「東日本大震災を乗り越えるために：社会心理学からの提言と情報」（二〇一二年四月アクセス時）を取り上げ、紹介する。

その特設サイトでは、次のようなコンテンツ構成で情報を配信している。

社会心理学からの提言

〝主に被災地にある方々を対象としたもの〟

〝全般（一般市民向けのもの）〟

〝全般（研究者・メディア向けのもの）〟

社会心理学からの情報

〝海外関連学会等の記事抄訳〟

〝「社会心理学研究」所収の関連論文〟

〝関連する学会発表〟

関連情報

〝国内関連学会等へのリンク〟

〝Message from overseas〟
（「東日本大震災を乗り越えるために：社会心理学からの提言と情報」
http://sites.google.com/site/jsspjiishin/ 2012年4月時）

まず、特設サイトの構成だが、この〝被災地にある方々を対象としたもの／全般（一般市民向けのもの）／全般（研究者・メディア向けのもの）という利用者ごとのコンテンツ構成は、予め情報が発信者側で整理されているものと言える。専門家のみならないサイトの利用者が、特設サイトに溢れる専門的な情報や、一般の人向けの情報の中から、自分自身に必要、あるいは有用な情報に効率的にたどり着くために施された工夫と言える。こういった工夫は、他にもいくつかの分野の特設サイトでも見られたが、我々の作る「東日本大震災と方言ネット」にも生かすべきものと言える。

次に、それぞれのコンテンツの内容に注目する。

〝主に被災地にいる方々を対象としたもの〟では、ストレス緩和のためのマニュアルや、避難所の組織論など、専門分野の知見を活かした提言がなされている。

方言学の分野での専門知識と言えば、各地の方言の情報ということになる。これらも、例えば、Ｗｅｂ上に配した方言談話音声を聞いてもらい、懐かしい地元のことばの響きを味わったり、昔を思い出す話しのタネにしてもらったりという方向での活用などが考えられるだろう。

〝全般(一般市民向けのもの)〟では、主に非被災地の方へ向けた、社会心理学の知見が紹介されている。中には、非被災地にある人々がどう現実を判断し、どう被災者の力になれるかなどについての知見が示されているサイトもある。

方言学の分野で考えるなら、例えば、被災地の方言の特徴などを紹介し、非被災地の方に、被災地の方言を知ってもらう機会を提供するといったことが考えられるかもしれない。これは、全国各地へ避難・移住している被災者の、避難・移住先での方言摩擦の問題を想定してのことである。今回の大震災にまつわる被害で、これまでにない規模の人口移動が起きており、その意味で、非被災地でも被災地の方言に関わる可能性があると言える。その時、非被災地の方が、被災者の方の方言を理解し、寄り添い、親しむきっかけとして役立つコンテンツとなる。

〝全般(研究者・メディア向けのもの)〟には、膨大な災害に関する文献と調査・研究資料をまとめたデジタルアーカイブスへのリンク、被災地域の学生、留学生への支援制度情報リンクなどがある。こういった、大震災と自身の専門との関わりを考える研究の情報収集を助けるような、リンク集などの取り組みは、方言学の分野でも有用で、東日本大震災と方言ネットで踏襲することができるだろう。

また、〝社会心理学からの情報〟では、大震災に関連する、社会心理学の学会発表や学会誌所収の論文の目録を作り、要約を付けたり、本文をＰＤＦで配信したりするなどして、学会の研究成果の集約・配信を行っている。これらも、専門的な知識を利用しやすい形で広く提供するもので、大変有効な取り組みと言える。東日本大震災と方言ネットでは、これから本格的に行われるであろう、大震災と方言の関わりを考える研究の情報を集約・配信するとともに、第2章の取り組みで収集した、被災地における過去の文献目録などを公開するなどして、これまでの被災地の方言研究の蓄積を容易に知ることができるようにするなどの取り組みが考えられる。

三　被災地での学術的調査の管理体制作り

さらに、社会心理学会の特設サイトのコンテンツには、今後被災地での調査・研究活動を行う分野にとって注目すべき点がある。それは、被災地の調査に入る研究者に向けて公開されている、調査実施時の倫理として最低限必要と考えられる内容をまとめたコンテンツである。具体的には、阪神淡路大震災の経験をもとに災害研究のあり方を提唱する社会

1. 被災地における救助・援助活動への配慮
    1. 「緊急対応期」にあたる期間（阪神・淡路大震災の場合、発災後１～３週間）は、救助・援助の妨げになるため、現地調査は実施しない。「緊急対応期」以外でも、救助・援助の妨げになる可能性（調査者が現地入りすることで交通が混雑し、食料も不足する）がある場合には現地調査は実施しない。
    2. 救助・援助の妨げになる可能性が低いと判断される状況になっても、避難所の業務が多忙な時間帯（食事の前後や物資が届く時間等）の調査は避ける。忙しくなったら調査は中止・終了する。
2. 被災された方の心理的負担への配慮
    1. 無理な依頼をしない。
    2. 調査を承諾してもらっても十～十五分程度の聞き取り調査とし、面接対象者に負担をかけない。調査を途中で終了してもよいことを予め面接対象者に伝えておく。
    3. 調査内容は半構造化面接とし、一定のテーマはこちらで提示するが、基本的には面接対象者が話したいことだけを話してもらう。話したくないことを無理に聞き出さない。
    4. 記憶を想起させることが大きな心理的負担になる場合もあることに充分な注意を払う。
3. 調査方法・手順に関する配慮
    1. 事前に「悲嘆のプロセス」や「外傷性ストレス」について十分に理解をした上で、調査をすることが期待される。
    2. 調査者の安全を守るために、保険に加入することが望ましい。
    3. 他の研究機関と調整し、同じ地域で集中的に多数の調査が行われることを避ける。
    4. 聴き取り調査は、できるだけ一人ではなく複数で行い、対象者に対して細心の配慮をするよう努力する。
    5. 多忙な時期に手間のかかる質問紙調査や、質問紙のみを送りつける郵送調査は実施しない。
    6. 対象者に負担のかかりにくい面接調査を基本とする。
    7. 対象者が忙しそうであれば、途中でも調査はそこまでで終了する。
    8. 調査者自身も多大なストレスにさらされるため、調査終了後には、調査者をねぎらう会合を持ち、調査関係者のストレスを和らげるようにする。
4. 調査結果のフィードバックと一般公開および研究協力者のプライバシー保護
    1. 調査結果は研究協力者に早期にフィードバックする。
    2. 聞き取りした結果に間違いがないかを後日、対象者に確認してもらい、間違っていたら加筆・訂正してもらう。
    3. 教訓が生かされるよう、研究協力者のプライバシーを保護した上で調査結果は広く一般に公開する。研究協力者の期待を裏切ることになるため、調査結果を公開するつもりがない場合には調査を実施しない。
    4. 結果の公開にあたり、研究協力者のプライバシーは厳重に保護するとともに、調査協力者にも公開の許可を得ておく必要がある。

（http://psych.educa.nagoya-u.ac.jp/jishin/interview.pdf: 松井豊・水田恵三・西川正之編著一九九八『あのとき避難所は―阪神・淡路大震災のリーダーたち―』（ブレーン出版）掲載文に加筆・修正を加えたもの）

心理学者の団体、災害援助研究会が寄稿した、被災地調査に関する右のような倫理条項を掲げている。

これらの条項は、調査による話者の言を主な情報源とする、我々、方言学に携わる研究者にとっても、特にわきまえるべき内容が含まれている。

これまでの章でも強調してきたように、被災地の方言は、方言学的見地から見ても貴重で、記録・保存すべき点も多々残されており、今後、その方言が変容してしまわないうちに、被災地に調査に入る必要も出てくるものと考えられる。

その際、これら、他分野の災害研究で蓄積されてきた見識は、被災者に余計な負担や迷惑をかけないようにするために必須となる。そういった欠かせない情報をこそ、アクセスしやすいWeb上において公開すべきだろう。

例えば、被災地の方言談話資料を集めるとなったとき、談話のテーマを設定することがあり得る。誰でも話しやすい談話のテーマとして、「今回の大震災について」というのは、思い至りやすいテーマだと言える。

だがここで、調査者は、先の条項2-4にもある通り、大震災について思い出すことが話者に負担をかける可能性があることに十分留意しなければならない。そのため、話題の選択には慎重な検討を要する。それでも、大震災の記録という視点から、大震災に関わるテーマで話してもらう必要がある場合は、調査依頼の時点で、調査内容を示し、あらかじめそのような話題で話せる方に協力を願ったり、あるいは、調査時においても、話者の反応を詳細に観察し、話者に動揺などがないか、十分に気を付けるべきだろう。Ｗｅｂ上での呼びかけは、そういった調査時の心構えの周知・徹底に役立つものと思われる。

もう一つ、Ｗｅｂ上で発信するということで活きる条項は、被災地に調査に入る際、被災者に過大な負担を強いないための配慮として重要な、条項3-3「他の研究機関と調整し、同じ地域で集中的に多数の調査が行われることを避ける。」ということに関わる取り組みである。

というのも、この条項に関しては、それぞれの研究者の調査予定の透明性、調査予定を調整するためのネットワークの確保、そして、その機関、あるいは研究者同士の調査予定調整のやりとりの結果が、迅速に他の研究者にもわかるということが肝要だからである。

例えば、談話収集などの志があっても、他の研究者や機関の動きが分からなければ、「他の機関が調査に行くかもしれない」という思いなどで二の足を踏み続け、その結果、貴重な被災地の方言の記録・保存の機会を逸するということにもなりかねない。

したがって、こういった調査予定などは、なるべくリアルタイムに近い早さで、広く研究者間で共有されることが望ましい。その点で、迅速かつ手軽に情報にアクセスできるＷｅｂサイトは、調査予定の情報を調整したり、共有したりする場として適しているとも言える。事実、この内容に関わるような取り組みとして、今後の被災地に関わる研究について、情報交換を促し、共同実施を募るコンテンツを運営する特設サイトもある。これらの取り組みは、研究を通じた支援を試みる際の、研究者間のつながりの重要性や、研究者と被災者のつながりのあるべき姿を示唆しているものと捉えられる。

以上、社会心理学会が運営する特設サイトを具体例にして、特色あるコンテンツを確認してきた。これらの内容には、「東日本大震災と方言ネット」構築に当たっても参考になる点が多くあったと言える。ここで、一旦、その特色を整理すると次のようになる。

・利用者別のコンテンツ構成
・専門分野の知見を活かした提言、取り組み
・大震災に関わる研究に有用な情報の集約・発信
・専門分野の成果の集約、発信
・被災地での学術的調査の管理体制作り

さらに、この他にも、Ｗｅｂの特徴を活かした取り組みを行っている特設サイトは存在する。例えば、大震災に直接的に関わりが深いとは言えない分野でも、獣医師会が行っているチャリティーレクチャーのように、専門知識の提供を有償で行い、その売り上げを義捐金にあてる試み、その効果を高めるための広報を特設サイトで行ったものなども見つけることができた。

これもまた、研究者が自分のもてる知識を活用して見出した被災地支援の手法、すなわち、被災者と研究者のつながりの一つのあり方と言える。

こういった他分野に見られる内容を参考にし、研究論文のＰＤＦ配信などといったコンテンツや、談話音声配信などといった方言学ならではのコンテンツを計画し、「東日本大震災と方言ネット」に設ける必要がある。

四　「東日本大震災と方言ネット」構築へ

以上のような検討を踏まえ、東日本大震災に関わる特設サイトが数多くの分野で行われていること、方言学の分野でも、仮に特設サイトを作ったとして、そこに載せて広く共有すべき情報や、被災者・支援者の支援のためにできる取り組みがありそうだということが掴めた。

「東日本大震災と方言ネット」構築に当たって、他分野の特設サイトから得た着想を改めて示すと、次の通りとなる。

・利用者別のコンテンツ構成
・専門分野の知見を活かした提言、取り組み
・大震災に関わる研究に有用な情報の集約・発信
・専門分野の成果の集約、発信
・被災地での学術的調査の管理体制作り

これらの方針を踏まえて構想に至った、当Webサイト「東日本大震災と方言ネット」のサイトマップは、サイト開設時点で、次頁**図3**の通りである。

まず、「東日本大震災と方言ネット」の構成は、利用者が必要な情報にアクセスしやすいよう、〝被災地の方へ〟、〝研究者の方へ〟、〝支援者の方へ〟といった利用者ごとのコンテンツ構成を用意する(〝「大震災と方言」活動情報〟以下)。

最初に、〝被災地の方へ〟では、現地の談話会などについて収集した開催日時などの活

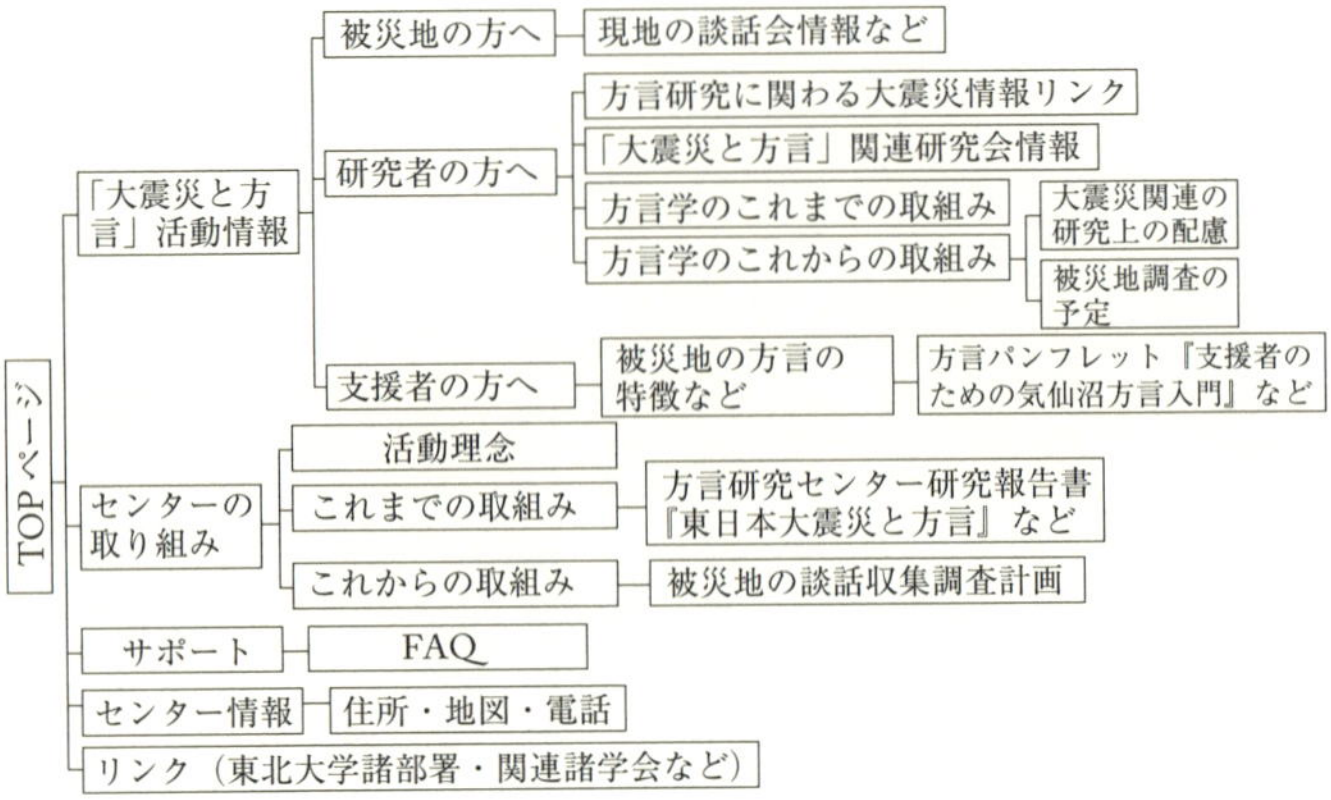

図3 「東日本大震災と方言ネット」サイトマップ案

動情報を掲載する。具体的には、例えば、第3章で取り上げた、「方言を語り残そう会」の活動情報を紹介する事で、地元の方言に関心を持つ人の集まりを促すことができる。そればかりか、地域の人が広く共有する方言を題材にした活動の情報を広めることは、それが身近な媒体であるがゆえに、だれでも参加できる比較的敷居の低い集まりの場へ誘うことにつながる。中には、直接ネットが見られない方も多くいるかもしれないが、このような広報活動を通して、情報の周知が進めば、例えば、仮設住宅で孤立しがちな被災地の方にも、身近なコミュニティへ参加するきっかけとなるかもしれない。つまり、方言での活動を媒介にして、被災者同士をつなぐ手助けとなることをも目指す。

また、第3章の取り組みを通して、我々が集めた方言スローガン集を、可能な限りWeb上に掲載し、各地での励まし、お見舞い、決起の声を、その時、その場に居合わせた人だけでなく見られるようにし、被災地の方の目にも留まる機会を増やす。

さらに、これから被災地で行う予定の談話収集調査で得た談話音声を、Webサイト上でも適宜公開し、耳懐かしい地元の方言をいつでも聞くことができるようにするという工夫も考えられる。

他にも、方言学の分野から得た募金活動の成果を掲載したり、被災地での文化的活動を支援する助成金の情報を載せたりして、間接的ではあるが、考え得る限りの専門的知見などを活かした取り組みで、被災者のサポートをする。

次に〝研究者の方へ〟のコンテンツの具体的な内容や意図を述べる。

〝研究者の方へ〟からの項目のうち〝方言研究に関わる大震災情報リンク〟では、方言の変容に関わると目される、大震災に伴う人口移動データを載せているサイト（統計局の公開する住民基本台帳人口移動報告など）へリンクを貼るなどし、方言研究に関わりが深い情報を集約し、研究者が個別に情報を探し出す手間を軽減する。

研究に有用なサイトの具体例は、例えば、他にも、国土交通省国土政策局国土情報課が設ける、東日本大震災地理空間情報関連リンク集というリンクフリーの特設サイトが挙げられる。ここには、無償で被災地の地図をダウンロードできるサイトへのリンク集などが公開されており、本書の第1章で行った取り組みのような、方言地理学的な観点で被災地の方言を考える研究などを試みる際に有用なデータへのリンクが各種揃っている。

大震災に関わる研究を活性化するという点では〝「大震災と方言」関連研究会情報〟を随時配信することも欠かせない。我々、方言研究者が一同に介する学会、日本方言研究会でも、今春行われた研究大会では、東日本大震災と方言に関する研究のポスター発表などの特別企画が行われ、盛会に終わった。今後、ますます行われるであろう研究会などの情報を、当Webサイトでも配信していく。

〝方言学のこれまでの取り組み〟では、大震災に関わる研究論文等を紹介する。これについては、社会心理学会が特設サイトで行っているように、著者の許諾が得られた論文に関してPDFを配信し、研究情報を容易に手に入れることができるようにする。

また、ここでは、大震災の後、大震災と方言との関わりを考えた研究論文の目録を紹介するだけでなく、第2章の取り組みで作成した、被災地における方言学の研究文献目録なども、合わせてここで公開する事が考えられる。

〝方言学のこれからの取組み〟は、今後行われる被災者への方言調査等において、被災者に過度の負担を与えたりすることがないよう、調査者がするべき配慮を促すためのコンテンツである。

具体的には、その内の〝大震災関連の研究上の配慮〟では、既に行われた調査の実態等をもとに調査時の留意点を紹介する。これには、これまでの災害時の調査研究から得られた経験則として他分野が掲げている留意点が考えられる。例えば、先に挙げた、災害援助研究会が阪神・淡路大震災時の経験をもとに示した調査実施の指針や、日本トラウマティック・ストレス学会が推奨する〝支援者が読むべきサイコロジカル・ファーストエイド〟等の紹介が考えられる。

また、東日本大震災後、これまでに、社会学の分野などでは、すでに被災地に入って調査活動を行っている団体もある。こうした団体に連絡を取り、被災地での調査活動を行う上で留意すべきことなどを聞き、それを当Ｗｅｂサイトで紹介するといった取り組みも考えられる。

〝被災地調査の予定〟は、社会心理学会や、農村計画学会など、いくつかの他分野でも見られた、被災地での学術的調査の管理体制作りの取り組み、に対応するコンテンツである。すなわち、異なる研究者・機関が調査することで強いる聞き取りの負担が最低限で済むよう、どこでどのような調査・研究が予定されているか、可能な範囲で把握する試みである。これは、第三節で述べたように、ネットで行うことでより活きてくる取り組みで、研究者間で被災地の調査を調整する目安となる。

そして、〝支援者の方へ〟では、被災地の談話音声や被災地の方言の特徴を紹介する。これは、ボランティアの方に、被災地でのコミュニケーションに支障を生じないよう、あらかじめ被災地の方言を聞いて耳慣れるように活用してもらったり、特徴的な方言の知識を知って役立ててもらったりするコンテンツである。

また、そのような被災地の方言の特徴についての簡単な知識を、ボランティア活動の現場で携帯して持てるように、第4章の取り組みで我々が作成した方言パンフレットなどのPDFデータを配信したり、他機関で作成された被災地で役立つ方言集などを紹介したりする試みも実施する。

さらに、第3章の取り組みでは、被災地の方言を使って作られた復興スローガンが、被災者にとっても励ましになることが分かっていた。これを受けて、「被災地に向けて、方言を使った復興スローガンを送りたい、でも被災地の方言の知識がないから難しい…」といった支援の志を持つ人の相談に乗り、復興スローガン制作の相談を受けるコーナーを設けるといった取り組みも可能であろう。

以上のような内容が、東日本大震災と方言ネットの主たるコンテンツ構想として考えたものだが、もちろん、我々がこれまでに行ってきた活動（二〇一一年一〇月実施の研究報告会の様子や、合わせて作成した研究報告集など）をまとめたコンテンツも、当Ｗｅｂサイト内に設置する（〝センターの取り組み〟）。

まとめると、「東日本大震災と方言ネット」のコンテンツイメージは、次頁**図4**、開設時のトップページは、**図5**のようなものとなっている。

（二〇一二年六月開設時のもの。当Ｗｅｂサイトは、その後、随時更新を行い、現在に至っている。http://www.sinsaihougen.jp/）

A 談話会情報
C 研究会情報
東日本大震災と方言
A 助成金情報
FOR JAPAN
A 募金活動
D 方言学の
これまでの取り組み
TOPページ
「大震災と方言」活動情報
被災地の方へ
現地の談話会情報など
研究者の方へ
方言研究に関わる大震災情報リンク
「大震災と方言」関連研究会情報
方言学のこれまでの取組み
方言学のこれからの取組み
支援者の方へ
被災地の方言の特徴など
センターの取り組み
活動理念
これまでの取組み
これからの取組み
方言研究センター研究報告書『東日本大震災と方言』など
被災地の談話収集調査計画
サポート
FAQ
センター情報
住所・地図・電話
リンク（東北大学語部署・関連諸学会など）
E 研究上の
配慮
B 方言学に
関わる
情報リンク
F 被災地調査
スケジュール
G 被災地談話音声
H 研究報告書
東日本大震災と方言
G 方言パンフレット
など
おしょうしさま
ゴミなげる
いずい
G 被災地
方言情報
I 被災地談話収集調査計画

**図 4　東日本大震災と方言ネット
コンテンツイメージ**

図5　東日本大震災と方言ネット
トップページ（2012年6月時）

五　課題と今後への提言

当Ｗｅｂサイトは、研究面では、これまでの「大震災と方言」に関する研究成果と、これからの動向の把握を容易にし、今後の研究の効率化・活性化に利するシステムとなり得る。

社会的には、被災者・支援者に役立つ情報の発信により、復興への一助となる。

また、インターネットが普及した現代では、Ｗｅｂ上にも情報を公開することで情報発信の力をより高めることができる。

このようにして、総合的に見れば、被災地と被災地以外の地域の情報のつながりを密にし、被災者と支援者、被災者と研究者、そして時に被災者同士をもつなぐ、紐帯の役割を果たすと言える。

それとともに、各種の情報を、Ｗｅｂ上に一定の形式で公開することで、副次的に得られるもう一つの利点についても触れておこう。それは、Ｗｅｂ上の情報、それ自体が貴重な方言データのバックアップになるということである。

今回の取り組みでは、コンテンツ紹介で述べたように、当Ｗｅｂサイト上に、被災地の方言談話音声や談話テキストを、順次公開することを計画している。その公開の媒体となるＷｅｂサイト自体は、ネットワークをベースとしたコンピュータ処理（クラウド・コンピューティング）を扱うクラウドサービスプロバイダーを利用して運営しており、したがって、当Ｗｅｂサイトで配信する方言談話音声や談話テキストのデータは、ネットワーク上にも保存されることになる。すなわち、我々が保存している本データと、ネットワーク上に保存される配信用のデータと、二つのデータが別々に保管されることになるのである。

今回の大震災のような広範囲に被害をもたらす災害では、東北大学の各機関も、少なからず物理的被害を受けている。また、沿岸部では、津波で、各地に収蔵される多数の貴重な文書が被害を受けたとの報も聞く。我々が、管理・保管している貴重な調査票や調査録音データなども、今後起き得る災害に際して、無事で済むという保証はない。

その点で、本取り組みでは、もし本データを納めた媒体などがまとめて壊れるなどして喪失しても、別のＰＣなど、どこからでも、当Ｗｅｂサイトにアクセスしさえすれば、方言データを再取得できるようになる。研究成果を広く公開し社会に還元しつつ、いざという時、バックアップにもなるというＷｅｂサイトの取り組みは、そういった意味でも有用と言える。なお、Ｗｅｂ上で公開する情報は、純粋に談話の音声データなどであり、別途管理される話者の個人情報などは、当然守られる。

以上述べたような、本取り組みの副次的な利点に注目するならば、その位置づけは、くしくも、被災地の貴重な方言をどう保存するかという点での一つの保存・維持の手法を提案したことにもなる。

最後に、本章の取り組みは、当Ｗｅｂサイト構築の試みの紹介であると同時に、本取り組みを通して読者の皆様から関連情報を募り、情報収集のための土台を整え、この試みの効果を可能な限り高めることも企図するものでもある。

読者の皆様からも、広く、情報提供をお願いしたい。

さらに、この取り組みがきっかけになって大震災と方言の関係を考える研究が活性化し、進展することを願うとともに、今後大規模地震が予想される地域において、非常時にこういった対応を可能にする準備が進むことをも期待する。

【コラム　被災地の方言を知ろう!】8　語彙①「唾」

「ベロ」というと、共通語的な理解としては、《舌》のことを指し、「シタ」よりも俗語的もしくは幼児語的、というのが一般的な理解でしょうか。

しかし、ベロ＝《舌》がすべての地域で成り立つわけではありません。青森県から岩手県北部にかけての地域では、ベロは《唾》や《よだれ》の意味を表します。このうち《唾》の語形の分布を**図1**として載せましたのでご覧ください。**図1**からは、宮城県、福島県、茨城県では《唾》の意味でシタキという語形が用いられていることもわかります。これも小学館辞典編集部編(二〇〇二)などで言われているように「シタ(舌)」＋「キ」だとすると、ベロもシタキも《唾》と《舌》の間にある密接な関係性を感じさせます。

ただ、シタキが福島県で用いられているといっても、福島県南相馬市の最近の調査(半沢二〇一〇)では、このシタキというのは高・中年層だけで用いられており、若年層ではほぼ用いられていないという結果が出ています。この地域ではシタキはそのうち消えゆく運命にあると言えるでしょう。

岩手県や宮城県には《唾》の意味としてタンペ、また宮城県北部沿岸にはネッペという語形も用いられています。ここから、宮城県ではシタキとタンペ、ネッペが混在しているように見えますが、実際はどうなのでしょうか。

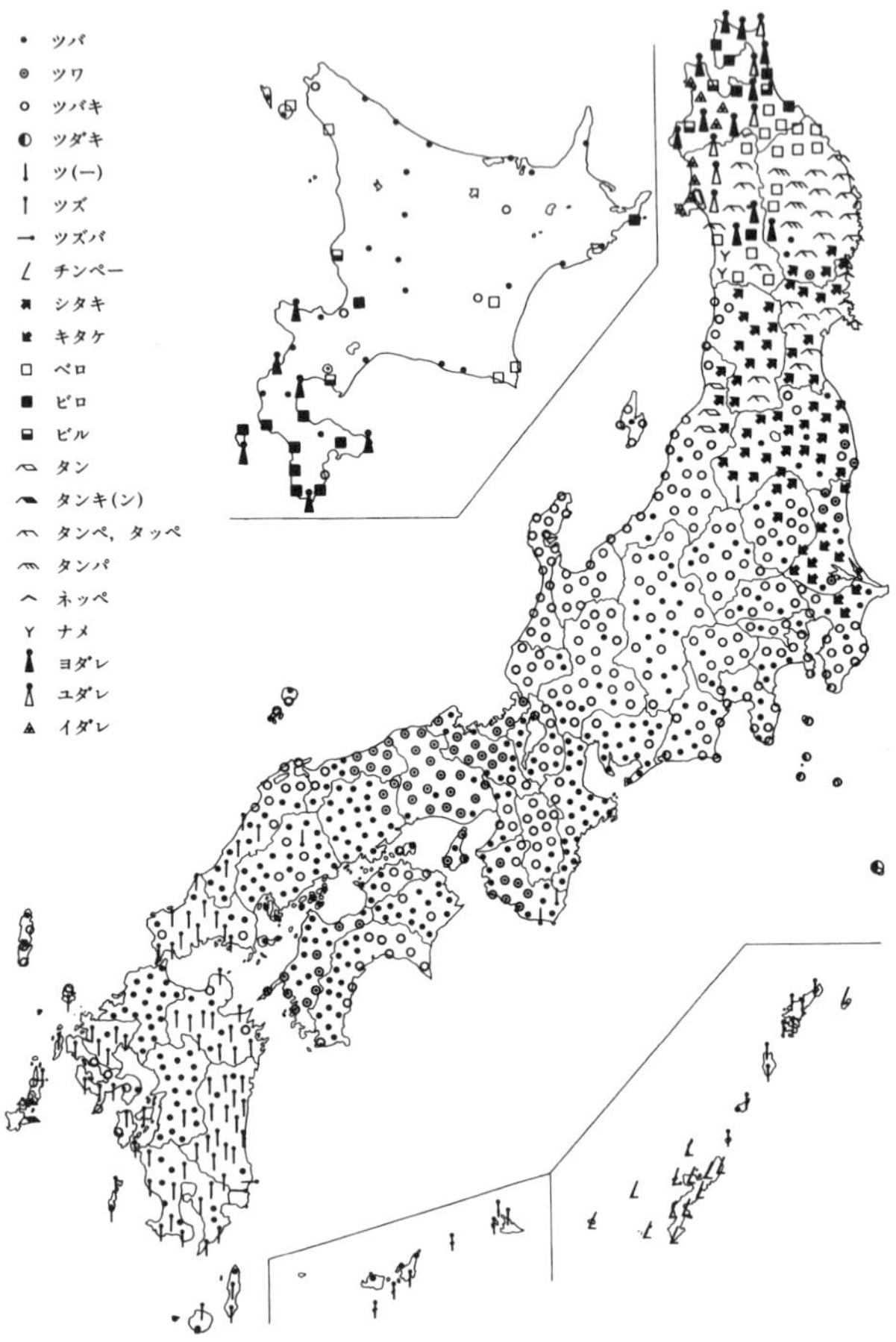

図１　つば(唾)〔『日本方言大辞典上』より引用〕

宮城県仙台市から石巻市にかけて新たに調査した結果（作田二〇〇三）からみると、現在この地域では、シタキという語形は高年層でわずかに見られるだけで、福島県同様あまり活力のない語形のようです。しかも、福島県では中年層においても用いられていた語形なので、こちらの方がより衰退が激しいと言えるでしょう。では、タンペやネッペはどうかというと、これらは若年層でも使われているようです。ただし、特にタンペに関しては、《唾》という意味ではなく、《痰》を表す語形として広がりを見せています。石巻市では全年層において《唾》：ネッペ／《痰》：タンペという使い分けがなされ、仙台市の隣の多賀城市では高・中年層において《唾》：タンペ／《痰》：タンコですが、若年層においては《唾》：ツバ／《痰》：タンペとなっており、年層によってタンペの意味が変化しているようです（**表１**参照）。

このように、地域はどこか、話す相手の世代はどうかによって、同じ形式でも意味が違ってくるということがありますので、共通語話者が被災地の人々と話すときには少し気を付けたほうがよいかもしれません。

表１　石巻市と多賀城市の《唾》《痰》の語形
〔作田（2003）より作成〕

	石巻市		多賀城市	
	《唾》	《痰》	《唾》	《痰》
高年層	ネッペ	タンペ	タンペ	タンコ
若年層	ネッペ	タンペ	ツバ	タンペ

【文献・資料】

作田将三郎（二〇〇三）「伝統的方言語彙」小林隆編『宮城県石巻市方言の研究』東北大学国語学研究室
小学館辞典編集部編（二〇〇二）『お国ことばを知る　方言の地図帳』佐藤亮一監修、小学館
尚学図書編（一九八九）『日本方言大辞典上』小学館
半沢康（二〇一〇）「南相馬市小高区方言の変容―方言実時間調査データの比較―」『言文』五七

【コラム　被災地の方言を知ろう！】9　語彙②「オチル・ナゲル」

方言には、語彙①で挙げた「ベロ」のように、共通語と同じ語形であっても意味が異なるものが存在することがあります。例えば東北地方や茨城県で用いられているオチル（オジル）がそれに当たりますが（**図1参照**）、さて、これらは共通語でいう「落ちる」ではないとすれば、はたしてどのような意味なのか、皆さんおわかりになるでしょうか。

正解は、オチル→「降りる（下車する）」です。

これについては、「「オリル」の「リ」が摩擦化して「ジ」に近くなって、これが「落ちる」の有声化した「オジル」と似た音になり、一方、意味の上でも「降りる」と「落ちる」の類似が作用して、「降りる」がオチルになった」（加藤正信一九八八、四六頁）という説があります。また、「「下車する」を「オチル」という地方では「転落する」は「ホロケオチル」「オッコチル」などと言って区別しているところが多い」（同）ということです。

同じようなものに、第4章でも触れた「捨てる（廃棄する）」を意味するナゲルがあります（**図2参照**）。このナゲルは聞く側としても意味を取り違えやすいですが、同時に、話す側（東北や北海道出身者）が共通語だと思ってそのまま使ってしまう単語としても有名なものです。確かに「このごみナゲてきて」と言われてもそれが「捨てて」という意味だと知らなければびっくりしますよね。ごみが小さければまだいいですが、「テレビが壊れたから粗

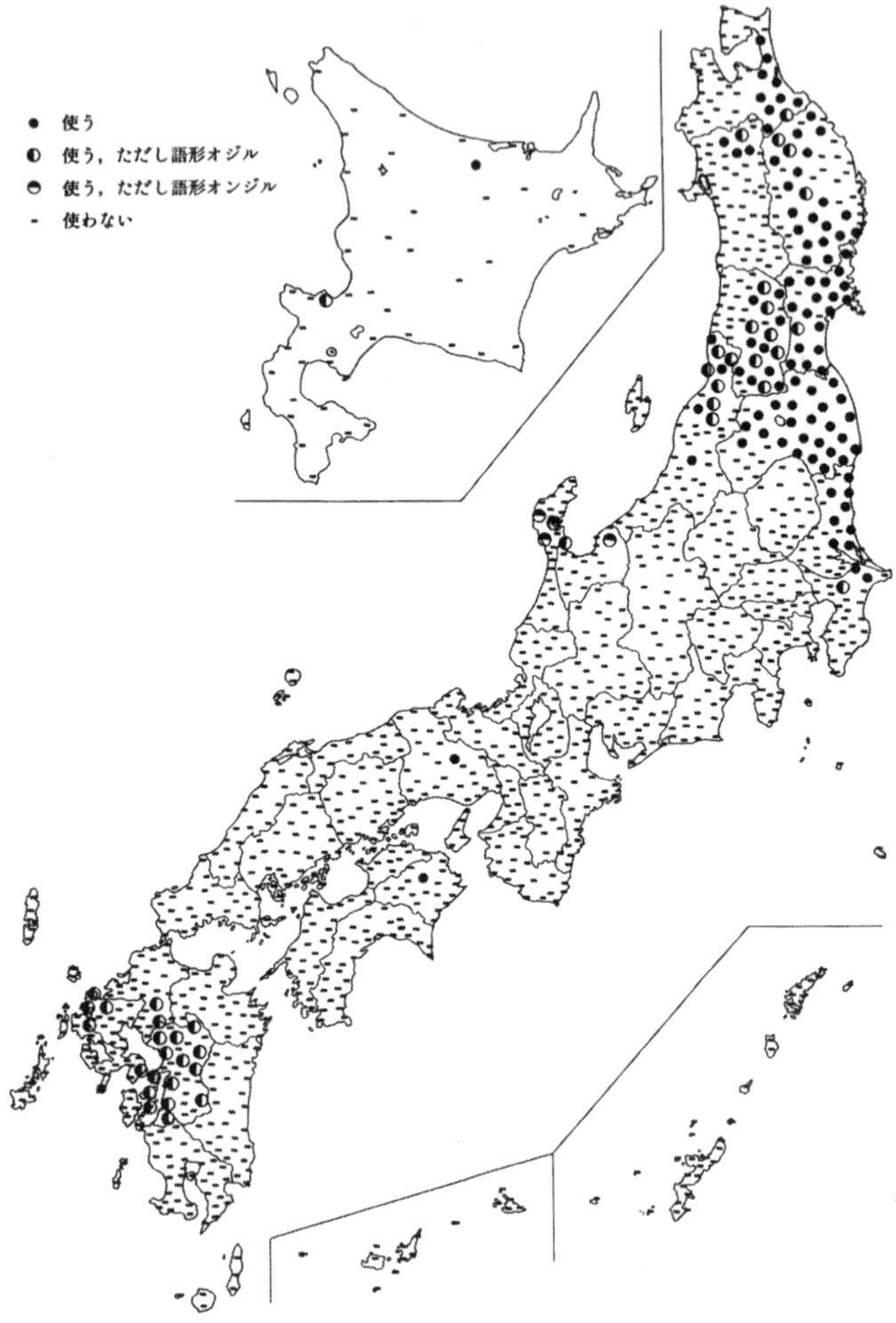

図１　オチルを“下車する”の意味で使うか

〔『日本方言大辞典上』より引用〕

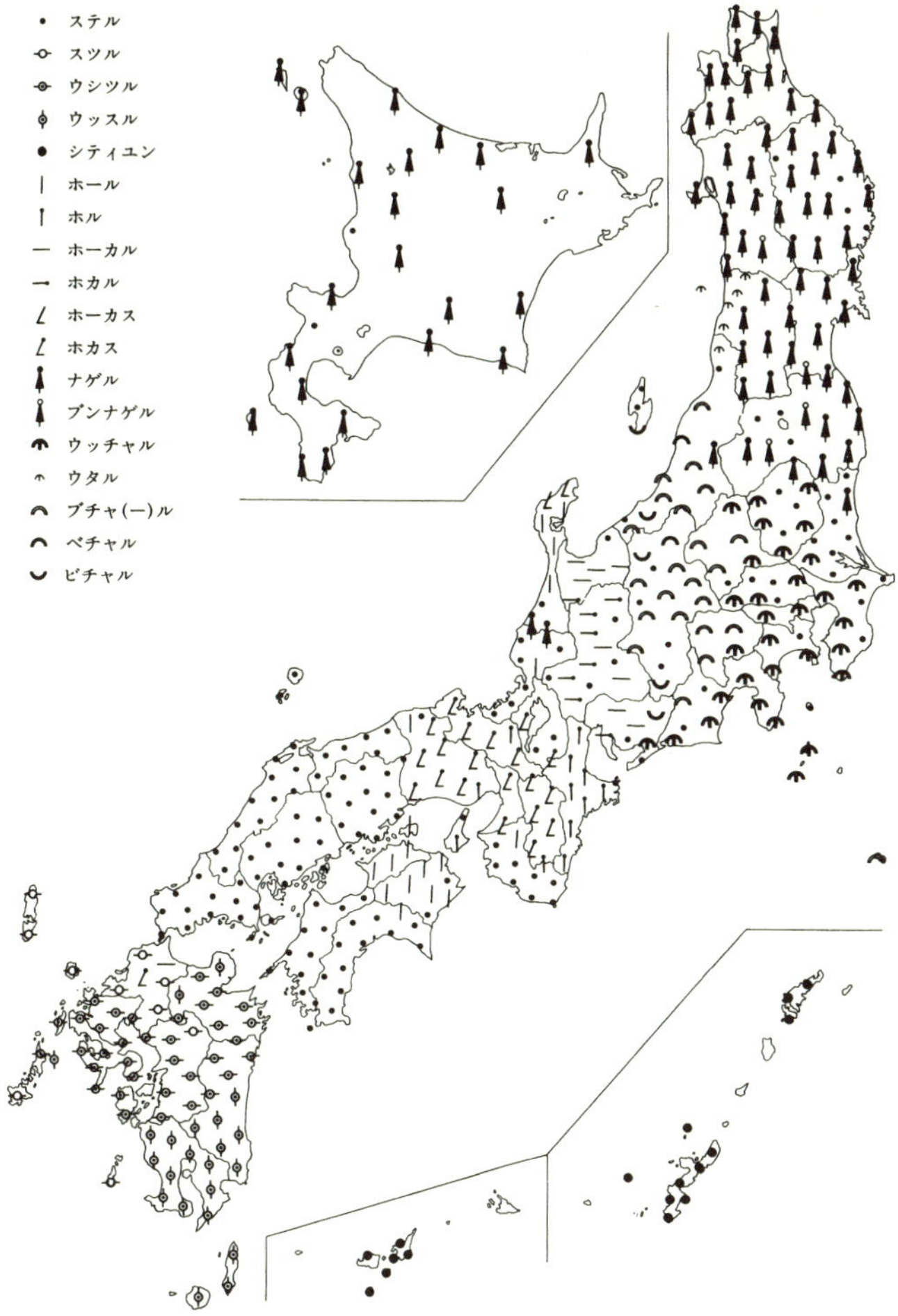

図2　すてる(捨)〔『日本方言大辞典上』より引用〕

大ごみ置き場にナゲてきて」と言われたら「それは無理！」と断ってしまいそうです。

さて、どのような「捨てる」行為であってもナゲルが使われるかというと、そこには用法や世代の差がありそうです。例えば櫛引（二〇〇三）によると、宮城県石巻市で

A　ゴミ箱に紙くずをナゲル

B　梅干の種を口からナゲル

という二つを調査したところ、Aの使用率は全年層で八〇パーセント程度かそれ以上と安定して高い水準にあるのに対し、Bの使用率は高～若年層で四〇パーセント程度となります。このAとBは同じ廃棄でも手を使って廃棄するか（A）、手を使わずに廃棄するか（B）という点が異なります。やはり共通語の「投げる」という動作に直結した手を使う行為（A）のほうが使いやすいと言えるでしょう。また、少年層になるとBの使用率は一〇パーセント程度と一気に減少しています。Bの用法は少年層とそれ以外には断絶があり、ここに世代差があると言えそうです。

また、石巻市から沿岸伝いに北上して岩手県山田町までを調査した結果（櫛引二〇一二）を見ると、Bの意味でナゲルは使わないという回答が多いことから、もしかしたら地域差もあるのかもしれません。

ここではオチルやナゲルをあげましたが、他にも例えば「手袋をハク（＝はめる）」（青森）、「傘をカブル（＝差す）」（青森・岩手）、「イキナリ（＝すごく）美味しい」（宮城）、同意を表

す「ダカラ（＝そうだよね）」（宮城・福島）など、共通語と同じ語形を使っていても意味や用法が異なる語形はわりと多いものです。もちろんそのようなものがあるのは被災地に限ったことではありません。近畿や九州では元の場所にしまうことをナオスと言ったり、愛知・岐阜・三重では机を運ぶことを机をツルと言ったり。広島あたりではお腹がいっぱいであることをお腹がフトイと言うそうですから（篠崎晃一＋毎日新聞社二〇〇八）。

被災地の人々とコミュニケーションをとる上で少しやっかいなのは、この共通語と同じ語形を使っている話し手本人は、それを方言と認識せず使っていることが多いということです。先ほど「テレビをナゲル」の例を出しましたが、被災地の人がたとえ共通語が話せるとしても、これが方言だと気付いていなければ共通語だと思って使ってしまうわけです。逆もまたしかりで、近畿の人が共通語だから通じると思って「この椅子ナオシていいですか？」と被災地の人に言っても「その椅子壊れてないのに」と思われてしまうでしょう。

意思疎通にとってはやっかいですが、共通語と同じ語形というだけあって説明もしやすいですから、うっかり言ってしまったりしたら話のネタにはなるかもしれませんね。

【文献・資料】

加藤正信（一九八八）「日本の方言と古語」加藤正信・佐藤武義・前田富祺『叢書・ことばの世界　方言に生きる古語』南雲堂

櫛引祐希子（二〇〇三）「「ナゲル」の用法」小林隆編『宮城県石巻市方言の研究』東北大学国語学研究室
櫛引祐希子（二〇一二）「方言特有の「イキナリ」「ナゲル」「オチル」の分布状況」小林隆編『宮城県・岩手県三陸地方南部地域方言の研究』東北大学国語学研究室
篠崎晃一＋毎日新聞社（二〇〇八）『出身地がわかる！気づかない方言』毎日新聞社
尚学図書編（一九八九）『日本方言大辞典上』小学館

第6章　次世代に方言を伝えるために

一　消滅の危機に瀕する被災地方言

すでに述べてきたように、東日本大震災で被災した地域（青森県から千葉県までの沿岸部を中心とする地域と原発により立ち入りが制限されることとなった福島県の内陸市町村）においては、人口、特に若者の流出や、地域コミュニティの崩壊などから、その土地の方言を維持していくことが困難な状況に陥りつつある。第1章で見たように、被災地の方言の中には他の地域にはない独自の特徴が豊富に存在する。そうした方言は、ただでさえ共通語化による衰退が進む中、このたびの大震災によって一気に衰退に向かう恐れがある。

こうしたことを考えたとき、被災地方言の保存の取り組みは、重要かつ急を要すると言える。このような被災地の方言を保存していくことは、方言研究者に課された宿題の一つである。そのためにも、被災地にどのような方言があり、いかなる方言が危機的状況にあるかを把握し、それを保存する手段を考えていく必要がある。

ここでは、いかに被災地の方言を保存していくのかという問題について考えていきたい。そのためには、まず、方言学で行われる記録の方法や、被災地方言に関わる現状の課題などを知る必要がある。

二　方言の記録方法

本書を手に取って読んでくださった方々は、少なからず方言やことばに興味を持つ方々であろう。もしくは、東日本大震災の影響が残る被災地に何かをしたいという想いを持っておられると思う。では、いざ、被災地の方言を保存しようと思ってみても、どのように、何を記録し、残せばよいか、わからない方も多いのではないだろうか。研究者が具体的にどのように方言と向き合い、どのような活動を行っているのかについては、あまり知られていないと思う。

そこで、研究者はどのように方言を記録するか、その種類について簡単に見てみたい。次に挙げるのが、方言の記録における代表的な二つの立場である。

(1)記述的調査による記録
(2)地理的調査による記録

(1)記述的調査による記録

記述的調査とは、面接調査法や内省調査法などにより、現在使われている方言を体系立てて、必要な項目をできるだけ漏れなく記録する調査である。例えば、ある地域の昆虫を表す語彙について、宮城県ではとんぼは「アケズ」と呼び、かまきりは「イボムシ」、かたつむりは「タマクラ」と呼ぶとする。他にもいろいろな種類の昆虫をどのように呼ぶのか、また呼び分けるのかを網羅的に記録していく。そのような調査は、昆虫の呼び名についての記述的調査と言える。同様に、母音の体系はどうか、動詞の活用のしくみはどうなっているかなど、特定の地域の方言のあり方を徹底的に掘り下げて調べる。

記述的調査に基づく方言の記録の理想は、その方言の全体像を把握できるようにすることである。そのため、「文法書」と「辞書」を作ることをめざす。これに、実際の方言談話を記録した「テキスト」を加え、「三点セット」と呼ぶことがある。方言の継承をめざすためにも、三点セットの作成は重要である。それらが残されることで、その方言がどのような方言であるかを知り、使いたいと思ったときに参考にすることができるからである。

被災地の方言については、岩手県大船渡市の医師、山浦玄嗣さんによる気仙郡の方言の記述がお手本となる。『ケセン語入門（改訂補足版）』（一九八九、共和印刷企画センター）は音韻関係を含めた文法書、『ケセン語大辞典　上・下』（二〇〇〇、無明舎出版）は文法の記述を添えた膨大な辞書である。テキストにあたるものとしては、『ケセン語訳新約聖書1～4』（二〇〇二～二〇〇四、イー・ピックス）が作られている。

(2)地理的調査による記録

もう一つの地理的調査とは、面接調査法やアンケートなどの通信調査法により、一定の地理的広がりと地点数を確保し、面的に方言の分布を記録する調査である。例えば、とんぼの呼び方を広く調べると、「アケズ」のほか、東北北部に「ダンブリ」、九州西部に「エンバ」と呼ぶ地域があることがわかる。また、「アケズ」と似た言い方が東北とは遠く離れた宮崎・鹿児島や沖縄にも現れることもわかる。同じようにして、ガ行音が鼻にかかる地域とかからない地域の分布はどうか、「どこどこサ行く」といった言い方はどのあたりで使用されているかなど、さまざまな言葉の地理的広がりを調べる。

地理的調査による方言の記録は、第１章で紹介したように、ある地域の方言が他の地域の方言とどのような関係にあるかを理解することに役立つ。なるべく広範囲、できれば日本全体を視野に入れて調査することで、全国の中でのその地域の方言の位置付けが見えてくる。また、調査の結果を地図化した方言地図は、それ自体が方言の記録としての意味を持つが、さらに分析を加えることで、方言の歴史を推定することも可能である。地理的調査による方言の記録は、直接的にはある特定の方言の継承に役立つものではないが、その地域の方言話者たちが、自分たちの方言の特徴や歴史的由来を理解するためにはたいへん重要である。

被災地の方言については、本堂寛『岩手県閉伊川流域言語地図集』（一九七六、岩手大学教育学部国語学研究室）や加藤正信ほか編『関東・東北境界域言語地図　常磐線・磐越東線グロットグラム』（二〇〇四、いわき明星大学人文学部加藤正信研究室）など地域別の記録があるほか、被災地を含む全国的な規模のものでは、第1章で取り上げた『日本言語地図』『方言文法全国地図』が参考になる。

以上の、記述的調査による記録と、地理的調査による記録とは、どちらが優れているというようなものではなく、どちらも方言を記録する上では必要な視点である。両者が両輪となって進むことで、被災地方言の記録が蓄積されることが期待される。

三　記録に取り組むために

三・一　どこまで記録がなされているか

研究者にとって、目の前にある危機的な方言を保存し、残そうとする取り組みは、半ば義務であり、使命である。被災地の伝統的な方言はこの先、十年、二十年後には聞かれなくなってしまうかもしれない。その前に、先の節で述べた記述的調査と地理的調査の二つの方法で被災地の方言をきちんと記録しておかなければならない。

しかし、やみくもに調査をしていては効率も上がらないし、まして方言話者である被災地の地域住民に多大な負担をかけてしまう恐れがある。まずは、どのような記録が足りておらず、どのような調査をすればよいか、しっかりと把握しなければならない。

本書第1章では、地理的視点から、実際に消えてしまう恐れのある個々の方言形式について具体例を示しながらみた。そこから、どのようなものを表すことばが衰退の危機に立たされているのか、把握できる。しかし、それは、あくまでも『日本言語地図』『方言文法全国地図』という二つの資料をもとにしたものにすぎない。これまで、記録し残されてきた分布資料はほかに多くあり、それらを網羅的に見渡すことで、調査を急ぐべき危機的方言についての見通しを立てる必要がある。

第2章では、これまで被災地において行われてきた調査や研究に関する文献を、一覧にまとめるという取り組みを示した。これにより、どの地域にどのような記録があり、そしてどのような記録が足りていないのかを知ることができる。調査にかかる労力や資金の問題、あるいは研究者の人数も十分ではない現状を考えると、効率よく調査を行うために、これまでの研究成果の把握は非常に大きな意味を持つ。先行研究の状況を踏まえることで、研究者は目的をしぼり、被災地の調査を行うことができる。

三・二　どんな調査法が適切か

調査に当たっては、調査の時期と調査方法も十分に考慮する必要がある。第5章で紹介したように、震災発生直後には災害援助研究会から、被災地に調査に入る際の注意事項や心構えが示されている。震災発生直後において、被災者の心理的負担は最も考慮すべきことであった。しかし、それから一年以上が過ぎ、当初は控えざるを得なかった方言の記録調査は、ようやく実現可能になってきたと思われる。とはいえ、被災者の負担への配慮は依然必要であり、細心の注意を払う必要がある。

調査に際し、綿密に調査項目を立てて聞こうとすると、それなりに調査時間が必要である。その点では面接調査法が望ましいが、この方法では方言話者に直接質問するので、精神的にも時間的にも負担を与えてしまう。アンケートによる通信調査法なら、話者の精神的負担は軽減されるが、仲介者にあたる教育委員会等の協力を現時点で得ることができるか慎重に判断しなければならない。このあたりは、調査の趣旨によって適切に方法を選択する必要がある。

ただ、あまりに自制的に考えすぎてしまうと、調査それ自体が成り立たなくなってしまう。仮設住宅に入っている高齢者の間には、話し相手となってくれる人たちを歓迎する空気があると聞く。このような緊急事態の中で、郷土の方言を後世に残したいと願う被災者も多いであろう。そうした方々の理解と協力を得ることで、調査を進めることができるかもしれない。研究者が、現地でボランティア活動を行いながら、被災者に方言調査に協力してもらうという、支援と調査の一体化を図ることも考えられる。調査を急がず、何度も被災地に足を運ぶことで、被災者から方言についてじっくり教えてもらうというやり方も考えるべきである。

また、被災地出身の研究者がいれば、内省調査法で徹底的に記述することを考えてもよい。先に紹介した山浦玄嗣さんによる一連の研究は、そのよきお手本となるものである。もっとも、被災地方言を満遍なく記録するほど、都合よく各地に研究者がいるわけではない。その点では、被災地で方言話者を探し、調査を行わなければならない場面が必ず出てこよう。

三・三　方言談話を収集する

それにしても、被災地の人々が震災の影響で苦しむ中、たとえ緊急性が高いと言っても、すぐさま大々的な記録調査を始めることに対しては慎重でなければならない。記述的調査や地理的調査による記録作業は、長期的な視野に立ち、五年後、十年後を見据えた計画が必要となる。

では、今すぐにわれわれにできることはないかというと、そうではない。研究者が持つ過去の調査データを公表したり、被災地における既発表の文献をまとめたりすることはできる。被災地出身の研究者の内省調査による記述も可能であることは先に述べた。また、特に自然談話の採集などは、被災者に過度の負担をかけないという点で、現段階でも可能と言えるかもしれない。被災地の方言をありのまま保存するという点でも、談話資料の作成は重要なものであり、震災や津波についての体験、あるいは、地域の伝統文化などについて語ってもらうことにより、他分野でも必要とされる記録を得ることもできるという利点もある。ただし、震災・津波といった話題は、被災者の精神的な負担となる恐れもあるので、慎重に扱う必要がある。

談話収集の際には、最低限のテーマ設定のみを行い、あとは被災者の話したいように、話したいことを話してもらうのがまずは望ましいように思われる。ただ、被災地の人々の会話データは、外部からの支援者にとって、その地域の言葉遣いの様子を知る重要な手がかりとなる。その点では、支援者の予習にも対応できるように、挨拶、依頼・受託・断り、感謝・謝罪など、言語行動の種類に基づいた場面設定会話を録音し、公開するという方法もあってよいだろう。この方法は、いわゆるロールプレイ会話にあたるものであり、話者に一定の負担を強いることにはなるが、支援者のためだけでなく、方言談話による言語生活の効率的な収録という点においても優れた面をもっている。

なお、東北大学方言研究センターでは、二〇一二年度の活動として、被災地の談話収集調査を進めている。これについては、次の見開きページに紹介した。

三・四　方言アーカイブという発想

被災地の方言の保存という点では、ゆくゆくは地域の公共機関に協力してもらい、博物館などで談話のデジタルデータの公開を行うなどといったことも、一つの方策として考えるべきであろう。

現状では、本や冊子といった紙媒体のものでの記録が主流であるが、東日本大震災のように津波や建物崩壊で現物が失われてしまうことがある。さらに、紙媒体であると、どうしても自然劣化も起こり得る。そのため、調査などにより記録したものを電子データとして公開し、一般に共有できる形で保存していくことが望ましいと考える。

今後の被災地方言を記録する姿勢について、東日本大震災を受けて行われた中央教育審議会（二〇一一年六月三日）でも、次のような見解を示している。

・「ことば」（言語）は地域の伝統、文化、風習、季節行事の基盤にある。

東北大学方言研究センターの談話収集調査

当センターでは、文化庁委託事業の一環として、学生たちがチームを組み、被災地の方言談話を収集する作業を進めている。この取り組みについて紹介しよう。

1. 目的

この取り組みは、被災地の方言の記録をめざしたものである。同時に、被災地に支援に入ろうとしている人たちに、現地の方言の様子をあらかじめつかんでもらうことにも役立てる。さらに、遠隔地に避難した被災者に対して、故郷の方言会話を聞いてもらうという心理的な支援効果も期待する。

2. 地域・話者

今年度は宮城県に限定し、今回の災害で被害の大きかった沿岸部に位置する一五の市町村を対象とする。各地域生え抜きで、七〇歳前後の男女各一名を話者として選ぶ。

3. 話題と談話の形態

自由会話と場面設定会話の二種類の談話を収録する。

(1)自由会話：話者二人で行う自然な談話を一時間程度収録する。例えば、震災の体験や地域の伝統文化、方言に対する思い入れなど、大まかな話題をこちらから提示し、それについて自由に会話してもらう。

(2)場面設定会話：話者二人にロールプレイ会話を行ってもらう。それによって、現地の言語生活におけるさまざまな場面を簡潔に記録する。言語行動の種類に基づいて場面を設定し、会話を演じてもらう。調査項目は、今回は次の一七項目を取り上げる。

朝の挨拶、昼の挨拶、夜の挨拶／訪問時の声掛け／ねぎらい／勧め／依頼、受託／お礼／謝罪、許容、不満／誘い、断り／申し出／禁止／見舞い

具体的な調査項目をいくつか例示してみる。

○朝の挨拶：朝、道端でAがBに出会ったときのやりとり。（出会い～別れ）

○訪問時の声掛け：昼間、AがB宅を訪れるときのやりとり。

○依頼と受託：AがBにシャベルを借りるときのやりとり。

○謝罪と許容・不満：AがBに借りたシャベルを壊してしまい、謝るときのやりとり。（Bが許容する場合と不満を述べる場合）。

4．資料の作成と公開

収録した談話は文字化し、解説を付けた上で音声の入ったCDとともに報告書として公表する。同時に、当センターのホームページ内に設置した「東日本大震災と方言ネット」（本書第5章参照）でも公開する予定である。

・災害の事実を、語り（話し言葉）と文章（書き言葉）などで「記録」「保存」し後世に伝えていく際、震災前後を結びつけるものは、東北の人びとの「ことば」（方言と訛り）＝「言霊」（言語に内在する力）である。
・東北の人びとのアイデンティティとも言える「ことば」による震災記録の保存と復興の拠点づくりを、図書館、博物館、公民館、文書館、郷土資料館、等の新たなデジタル・ネットワーク・アーカイブ（DNA）によって構築する。

（糸賀雅児二〇一一より要約）

このように、被災地のことば（方言）を残していかなければならないという方針が示されている。また、そのために地域施設が協力し、方言を博物館などに展示するように、デジタルデータとしても積極的に残していこうとする試みが求められている。方言をデジタルデータ化し公共の図書館や博物館などで保存することは、ある意味、土器や民具などが博物館に陳列されるのと似ている。保存されるべき文化としての方言を、広く一般に身近なものとする点において、そうした保存の方法は有効であるといえる。

四　記録から継承へ

四・一　保存とはなにか

ところで、ここまで「保存」という言葉を使ってきたのは、言い換えれば「記録」のことである。しかし、真の保存とは、その方言が地域社会の担い手によって現実に維持されていくことだとすれば、方言の「記録」の取り組みは次世代への「継承」の取り組みにもつながっていかなければならない。

ただし、「記録」と「継承」とは、現時点においては直結するものではない。これまでの方言の記録は、あくまでも研究者の立場に立った「記録」的側面が強く、地域住民、方言話者の方言を残そうという意志が必ずしも反映されたものではない。そもそも、研究者が一方的に方言の文化的価値を説き、重要であると声高に主張しても、方言話者にとって方言は日常のものであり、その文化的価値に気付くことは少ないのである。

また、かつては方言がコンプレックスとして捉えられた時期もあった。東北地方の方言は、現在では地域の特徴として扱われるが、長く田舎の方言の代表として扱われていた。その点で、文化的価値に気付きにくいという面もあるかもしれない。まして、方言話者としては、方言であれ共通語であれ、コミュニケーションの道具として機能すれば、それで問題ないものであるとも言える。使用されなくなり、静かに消えていく方言が多くあるのは、そういう意味ではしかたのないことであった。

このような現状から、近年失われつつある方言を積極的に残そうと唱える立場もある。そのために、まずは方言話者自身の方言に対する考えや想いを大切にし、研究者主導ではなく、方言話者主導によって記録、また継承を行うべきであるとする。次に挙げるのは、琉球方言について語られたものである。

（ことばは）自分たちの代で失ってはいけない。次の世代に伝えていくべき大切な文化である。そして自分のアイデンティティである。（中略）継承活動はお仕着せではなく、各自が当事者意識と熱意を持たなければ成功しません。

—菊秀史（二一〇頁）

若い世代への継承が非常に重要で、若い人が方言を学習できる場所を作らないと、そのことばがそのまま消えていくことになってしまいます。（中略）方言の保存または復興の活動は地元から発信しなければなりません。地方のことばは、それを話している人と習いたい人の努力がなければ消滅してしまいます。

—Thomas Pellard（トマ・ペラール）（二九・三〇頁）

（国立国語研究所二〇一一より抜粋）

方言が地域の文化であり、アイデンティティのよりどころであるとする点や、その継承や復興には方言話者の力が必要であるという点は、被災地方言をはじめ、どの方言にもあてはまることであろう。

東北方言についても、こうした意見は聞かれる。例えば、菅原孝雄『けせんぬま方言アラカルト（増補改訂版）』（二〇〇六、三陸新報社）の序文には、「人が生きて、生活するのはそれぞれの土地であり、心を通わせる基本は言葉である。直接、言葉を交わすことによって、互いの理解はより深まっていく。地方にはその土地独特の言葉があり、その言葉以外では表現し得ない、不思議な陰翳を持っている。」とあるように、方言の価値が述べられている。後藤彰三『胸ば張って仙台弁』（二〇〇一、宝文堂）では、執筆の理由として、仙台弁の保存だけでなく、ことばによる祖父母世代と孫世代の会話の断絶やつまりをなくすため、新しく仙台弁のコミュニティに入る人々のたすけのため、そして遠い昔からの由緒あることばを守り続けていることを誇るためなどを挙げる。これは、どちらにも自分郷土の言葉を守っていこう、伝えていこうという並々ならぬ想いが込められている。

さらに、山浦玄嗣『ケセン語入門（改訂補足版）』（一九八九、共和印刷企画センター）

にも、方言継承への想いが述べられている。

私は義務教育の中で共通語としての日本語を教えることに反対しているのではありません。それは今日きわめて必要なことです。しかし、同時に地方語を正課として教えるべきであります。全ての地方人には、その権利があります。父祖伝来のことばを正しく教わり、故郷の山野に伝わる歴史・伝説・文学・伝統をそれを育んだ故郷のことばで学んでこそ、我々は真に自分自身を育て、豊かにできます。（二一〇頁）

ただし、このような、方言を次の世代へ伝えるという市民の意欲は、東北では沖縄ほどの高まりをまだ見せていないように思われる。方言についての全国的な意識調査の結果をまとめた佐藤和之・米田正人（一九九九）三一頁によれば、「方言を後世に残したい」と考える人の割合は、全国的に見て沖縄が一番であり、東北では弘前がかなり高い数値を示すものの、仙台ではやや少なくなっている。被災地の多くの人たちが、次世代への方言の継承を真剣に考えることができるような環境作りを、第一に行う必要があると言えよう。

四・二　方言の価値を伝える

ここまで述べてきたことを踏まえると、方言の継承を促すために、研究者はまず方言の価値を地域住民に知らせていく必要がある。これまで研究者は各地で精力的に記録調査を行ってきたが、方言の重要性を伝えるという点では、それに加え、積極的に研究の成果を地域住民へと還元していかなければならない。いかに方言が地域特有の文化を反映し、それが地域のアイデンティティになりうるかということを伝える啓蒙的な活動が必要となってくる。

方言を題材にした書籍はすでに数多くあるが、地域の人々が手にとって利用できるものはそう多くはない。地域住民に方言への関心を高めてもらうために、あるいは、地域の人々が地元の方言に興味を抱いたときに、手軽に利用できるような解説書が編まれることが望ましい。調査を行ったのであれば、それに協力してくださった方々やその地域の方々への報告会なども効果的かもしれない。もちろん、内容は学術用語がふんだんに使われる凝り固まったものではなく、わかりやすい表現にしておくことが重要である。

このような、地道な活動が、単なる方言の記録から継承へと繋がっていくことだろう。そして、このような活動では地域住民の役割も大きい。

例えば、宮城県名取市で活動している「方言を語り残そう会（本書八九頁レポート参照）」は、その名の通り、地元の方言を後世に語り継ぎ、残そうと、震災以前から活動を続けている。震災以前には、方言を利用した『名取方言かるた』を作成している。震災後には、『大震災五七五の句集　負げねっちゃ』を編集し、震災に対するありのままの思いと、心の叫びを形にしている。同句集は、決してつらい体験を方言で表現するだけでなく、前向きな力強い想いが詰まった句集になっている。地域のコミュニティの中で、そこに属する人たち自身がこのように活発な活動を行うことで、周囲の多くの人々がふるさとの方言のよさを実感していくのではないかと思われる。それは、研究者の啓蒙活動とはまた違った意味で、方言の継承を大きく後押しするものと考えられる。

さらに言えば、方言を利用した町興しや商品の開発、あるいは方言キャラクターや方言ソングの制作などといった活動も、広い意味で地域住民の方言への関心を高めることに役立つと思われる。それらの方言の利用のされ方には、多分に強調・誇張された面があり、すぐさま次世代への継承を促すものではない。しかし、継承の第一歩が方言への関心から始まるものだとすれば、まず、わかりやすい形での方言のアピールが、観光客などに対してだけでなく、地元の住民に対しても有効となるのではないかと考えられる。

五　課題と今後への提言

以上見てきたように、被災地の方言を次の世代の人たちに伝えていくためには、現時点において、次の二つの作業が必要となってくる。

(1)方言の記録作業
(2)継承のための準備

まず、継承のための基礎となる作業として、被災地の方言の記録を進めなければならない。談話の収集から始め、しだいに記述調査や地理的調査に着手していく必要がある。それらの調査は、対象地域が広範囲にわたり、時間的にも長期に及ぶ可能性が高いことからすれば、効率的で着実な作業の進展のために、方法論の検討や研究者間の連携が重要になってくる。

もちろん、被災地の方言の記録は研究者だけに任せておくわけにはいかない。被災地の方々自らが方言の記録に乗り出すことも必要である。従来も、各地で方言に関心のある人たちによって膨大な数の方言集が作られてきた。そうした方言集は、これまでも日本語方言の記録として貴重なものであったが、今後はますますその重要性が増すであろう。研究者が各地で記録活動を展開したとしても、そこにはおのずと作業の限界が存在する。被災地の人たちが自身のことばを方言集などのかたちで書き留めてくれるなら、それは方言の記録作業にとって大きな力となるはずである。

また、そのような作業においては、研究者と地元の人たちとが独立に行動するのではなく、両者が共同で取り組む方法を模索する必要がある。一般の人たちが研究者と同じレベルで方言を記述することはなかなか難しいと思われるが、研究者が適切なアドバイスを行うことで、記録に一定の質を確保することができるであろう。さらに、そのような取り組みにおいては、国や地方が両者の協業の場や経費の提供などの面で支援を行うことも求められる。被災地の人々と研究者、そして行政とが一体となった方言の記録作業が進むことが理想である。

そうした行政側の支援という点では、文化庁が二〇一一年度、「東日本大震災において危機的な状況が危惧される方言の実態に関する予備調査研究」という名のもとに、被災地域で生じている方言を取り巻く現状についての把握と記録に向けた準備を開始する委託事業を計画した。これを受託した東北大学方言研究センターの活動は同(二〇一二)に報告されている。この委託事業は二〇一二年度には東北地方太平洋側の五県に拡大して実施されており、このような文化庁の素早い対応は高く評価されるものである。同時に、被災地方言の記録作業は、むしろこれからが本格化の時期を迎えることからすれば、文化庁のこうした事業は今後も中長期的な視野のもとで継続的に展開されることが期待される。また、地域住民を巻き込んだ記録作業をめざすのであれば、国のみでなく、地域レベルの行政からの後押しも必要になってくるであろう。

そして、そのような住民、研究者、行政機関という三者の協力体制は、記録の次に来る方言の継承にもよい影響を与えるのではないかと思われる。記録作業がそのまま継承活動につながるものではないことは先にも述べた。記録と継承の間には、地域の人たちに方言のもつ価値を理解してもらい、自発的な継承活動に向けた強い意識を養ってもらうことが必要となる。そうした意識は、今述べたような住民、研究者、行政機関が協力し合う方言の記録作業の中で培っていくことが可能なのではないかと考えられる。

以上、本章では被災地方言の保存、すなわち、記録と継承の取り組みについて見てきた。誤解を恐れずに言うならば、今回の大震災は、被災者たちが方言の価値に気付く一つの重要な機会となっているのではないかと思われる。方言スローガンによって住民同士に一体感が生まれる、あるいは、仮設住宅の被災者たちが方言を使った支援活動に励まされる、といった体験の中で、ふるさとの方言の価値が徐々に認識され始めているのではなかろうか。また、次の記事を見ていただきたい。

東日本大震災「故郷を離れ定住」（毎日ｊｐ）
宮城県気仙沼市から福井県坂井市に移った女性（48）は雑貨店を始めたが「古里の言葉で話せず、仕事に慣れるまでストレスを覚えた」と打ち明けた。折れそうな心を救ったのは、故郷に残った友人らとの電話でのやりとりだったという。（一部抜粋）
〈http://mainichi.jp/select/today/news/20120307k0000m040074000c.html〉（2012.4.2 アクセス）

故郷の友人たちとの会話は方言によって行われたのだろう。このように、方言でなければ伝え合うことができないものがあることに、被災者たちは気づき始めているに違いない。

東北大学方言研究センターでは、昨年一〇月、仙台で「東日本大震災と方言」と題する活動報告会を開いた。そのときの質疑応答の中で、われわれの心に強く残った被災者の言葉がある。

〇〇と申します。私は現在、仙台に住んでいますが、宮城県本吉郡南三陸町の出身です。今回この報告会に来てみようかと思った理由の一つに、チラシに「方言は被災者を支えることができるか」と書いてあったのに引かれたということがあります。私個人としては、方言は被災者を支えることができると思います。

よく「がんばろう宮城」とか「がんばっぺ宮城」とかいったスローガンを目にします。自分自身、自分の家族、たくさんの友人を失っているせいか、共通語の「がんばろう」という文字を見ると、ときどき腹が立つんです。何ががんばろうだ、これ以上何をがんばれというんだ、と思うんです。でも、「がんばっぺし宮城」とか「まげねぞ宮城」と方言で書いてあると、「んだんだ、まげねえ！」と思うんです。

だから、こういう方言というのは、こちらの資料に、「言葉＝言霊」とあったんですけれども、本当にその土地の人たちの魂がこもっている言葉だと思うんです。方言には言霊がある。それが被災者を支えることができると私は思っています。そう感じて来たし、今日もここで聞いていて、やはりそうであってほしいと思いました。

被災地の人々にとって、今や方言は心理的な支えとなっている。まさに心の「絆」なのである。被災者たちのこうした心持ちが、ふるさとの方言の記録と継承につながることを願いたい。

文献

糸賀雅児（二〇一一）「デジタル・ネット・アーカイブ（DNA）による東北の言語文化復興（ことばルネサンス）構想」文部科学省中央教育審議会『委員配布資料』〈http://www.mext.go.jp/b_menu/shingi/chukyo/chukyo2/siryou/__icsFiles/afieldfile/2011/06/22/1306932_07.pdf〉（2011/08/08 アクセス）

国立国語研究所（二〇一一）国立国語研究所第三回国際学術フォーラム『方言の多様性を守るために』

佐藤和之・米田正人（一九九九）『どうなる日本のことば―方言と共通語のゆくえ』大修館書店

東北大学方言研究センター（二〇一二）『文化庁委託事業報告書：東日本大震災において危機的な状況が危惧される方言の実態に関する予備調査研究』東北大学国語学研究室〈http://www.bunka.go.jp/kokugo_nihongo/kokugo_sisaku/kikigengo/index.html〉

震災を体験して—執筆者から一言—

近年、私は、多分野の院生が集う「東北文化研究室」に籍を置いている。大震災が起きたまさにその時も、東北文化研究室のある文学研究科本棟9階にいた。高層階の揺れは激しく、建物が崩れる！という恐怖に駆られた。地震後、本棚は倒れ、散乱した蔵書の山ができ、「ここにいたら…」と肝を冷やす惨状だった。それから約2か月、片づけに追われる日々だった。その間も断続的に続く余震に、この先への不安と徒労感、そして何より、お世話になった話者の方々が住む東北の土地土地が、現在進行で痛み苦しんでいるのに何もできない無力さに、しばしば歯噛みする思いだった。しかし、地道な片づけ作業を他分野の研究者と共にすることで、それぞれの分野で、研究者達が、危機感を持ち動き始めていることを知った。宗教学の同僚は、足繁く被災地に赴き支援を行っており、日本史の同僚は、被災した歴史資料保全のネットワーク活動に携わっていた。それを知り、「方言学でも、できることはないか」、その思いが芽生え強まった。そしてその思いが、私を、他分野を含めた学術界の動向から「方言学にできること」を模索する試みへと駆り立てた。その試みの一環として、現在、「東日本大震災と方言ネット」が実現している。東北文化で得た縁を活かし、復興へ寄与したいとの思いは今もなお強く息づいている。

（中西太郎）

「宮城県北部の気仙沼市では大規模な火災が発生しています」。携帯電話の電池も切れ、余震が続く暗闇の中、ラジオでこの報道を聞いたとき、足がすくんだのを覚えている。気仙沼市は二〇〇五年からの三年間、東北大学方言研究センターで調査に訪れた思い出深い土地だ。何十人という方々と調査で出会った。気仙沼の言葉について詳しく教えていただき、本当に気仙沼の方言を大切にしている方が多いのだという印象を持っていた。

二〇一一年五月、神戸で日本方言研究会という学会があった。そこで私は研究発表の機会を得ていた。神戸といえば阪神・淡路大震災の被災地である。訪れた神戸の中心街に震災の爪痕は見えなかった。ようやく水道やガスが復旧し、新学期が始まったばかりだった仙台はまだ閑散としていた。活気あふれる神戸の町に、いつか仙台も活気を取り戻すのだろうと勇気づけられた。

発表そのものは無事に終えることができた。実は、震災の数日後が発表原稿の締め切りであったのだが、二週間ほど期限を延ばしてもらっていた。秋に発表するという選択肢もあったが、それでも五月の学会で発表することを選んだ。発表では気仙沼の方言について報告をする予定だった。今でなければならない。そんな思いからの決断だった。

教えていただいた方言をさまざまな形で発信し、残していく。それが方言を研究している自分できることであり、これからの責任でもあるのだと感じている。

（川越めぐみ）

二〇一二年七月、津波の被災地域の談話を収集するために、私は七ヶ浜町にある仮設住宅にお邪魔した。その際、ご協力いただいた七十二歳の男性が、「仮設に入って一年だけど、隣近所に住んでいる人の顔も知らない、話もしない。悲しいものです。」と繰り返しおっしゃるのに驚いた。というのも、テレビなどで報道される仮設住宅の、〝ご近所同士助け合っている被災者たち〟という印象が強く残っていたからである。もちろん、仲良く助け合っている方も大勢いらっしゃることだろう。だが、仮設住宅は色々な地域の方が集まってきているのだ。心の傷を抱えている中、これから親しくなろうというのも難しいことであろう。八十一歳の女性も「仮設に入るより、避難所の方がご近所さんばかりで、良かったかもしれないね。」とおっしゃっていた。

知り合いもいない仮設住宅で、被災者の心の傷を癒すには長い時間が必要だろう。すでに仮設住宅では「こころのケア」が叫ばれ、一人暮らしのお年寄りを巡回してお話を聞くという活動も始まっている。そこで方言を研究している私たちにできることと言えば、支援に入った方が被災者のお話を聞く時に、ことばの壁を取り除く、すなわち方言を理解できるように手助けをすることであろう。昨年の夏に、気仙沼への支援者を対象に作成した方言パンフレットは、こうした仮設住宅でも役に立つかもしれない。コミュニケーションの一助になるようなパンフレットを作り、住民の心の傷を癒すことができればと思う。

（坂喜美佳）

震災前には、宮城県に大きな地震がこの先三〇年のうちに来る、と言われていたが実感は全くなく、自分がいる間は大丈夫だ、などと思っていた。しかし、記録的な大地震が起こり、被災地だけでなく、日本中が慌てふためいた。遠く離れた故郷の山口県でも、販売店では「買占めはご遠慮ください！」との文字が並んだ。今回の震災で、誰しもが災害に対しての備えを意識したに違いない。これを機に、有事に備え食料品やラジオなどを準備した人も多くいるだろう。だが、準備しなければいけないものは他にもある。二〇一一年を「絆」ということばで表すように、復興を目指し立ち上がろうと被災者自身が協力し合い、日本だけでなく世界中からも多くの支援を得た。人のつながりが大きな力となった。外から支えてくれる力もあれば、内で支えあう力もある。震災に備えるものとして、非常用の食料や灯りだけでなく、間違いなく人とのつながりも大切だと感じた。

方言は、地域の内のつながりを示すものとして、人と人をつないでくれる力があると思う。時には摩擦の原因となるが、少なからず相手への親近感、共感を示すのに活用できる場合もある。震災以降、被災地の方言を残すための活動を行ってきて、方言の重要性を改めて感じた。各地で防災の意識が高まるのと同時に、方言などを、人と人とをつなぐものとして残していく機運が高まることを願っている。

（津田智史）

もともと散らかっていた私の家は、地震発生後にはいっそう本や物が散乱し大変な状況だったが、その片付けも一段落すると、今度は自分に、特に方言研究者としての自分に何ができるのかということを考えはじめた。そこで思い至ったのが録音テープだった。

東北大学方言研究センターではこれまでさまざまな土地で方言調査をしており、その際の録音も保管している。内容は研究以外の目的で聞く分には面白みのないものだが、それでも端々に調査協力者のご家族の話など世間話が含まれていたりする。

今回の震災では、新聞の死亡者情報が何面にもわたるほど多くの方が犠牲となっている。調査にご協力いただいた方々の安否を心配し、お名前がないことを祈りつつ紙面を見渡したが、残念ながら数名の方のお名前が見つかった。場合によっては津波によって思い出の品が流されてしまったということもあろう。であれば、故人を偲ばせるものとしてこの録音が欲しいとおっしゃるご家族がいらっしゃったら、お送りしてはどうか。お見舞いのお手紙を出す際に差し出がましくもこのような申し出を添え、後日、実際に録音はＣＤに焼いてお送りすることとなった。

それにしても、方言研究者としての私が震災直後にできることはこのように本当に小さなことに過ぎず、役に立たない学問だと思ったりもした。当時のそんな不甲斐なさを胸に秘め、一年経った今、できること、すべきことを積み重ねている。

（田附敏尚）

あとがき

地震発生直後、私たちの取り組みは、これまで調査でお世話になった方々にお見舞いの手紙を送ることや、ホームページに被災者を励ますメッセージを掲載することから始まった。しだいに、震災の様子が明らかになる中で、方言をとりまくさまざまな課題が把握できるようになり、本書で述べたようないくつかの取り組みへとつながっていった。

これらの取り組みは東北大学方言研究センターの学生たちが主体となって行ったものである。学生たちは課題ごとにチームを作り、作業を進めた。途中経過は、仙台での説明会の際に作成した冊子『東日本大震災と方言』に報告したが、本書はその後の活動の成果を加え、一般の方々にも読んでいただけるかたちでまとめたものである。本書の執筆は、学生主体のチームを牽引したリーダー格の諸君が担当している。

学生たちがこの活動を通して、震災の真っただ中にある方言という存在に真摯に向かい合ったことは間違いない。そこで得られたものは、学生ひとりひとりにとって大きな意味をもつはずである。しかしながら、一方で、この種の取り組みとしては、はなはだ不完全であり、不十分さが残ることは否めない。

その点では、この本をお読みくださった方々に、さまざまな角度からご教示をいただければありがたいと思っている。また、最初にも述べたように、ここで示したような多くの課題が、われわれだけで解決できるとはとうてい思われない。本格的な活動のためには、たくさんの方々の参加が必要であることは、最初から目に見えているのである。こうした取り組みが大きく前進することを願うとともに、本書がそのための一つの叩き台となることを期待する。

このたびの活動にあたっては、被災地の方々や支援者の方々にたいへんお世話になった。とりわけ、気仙沼市は何度も訪問し、お話をうかがったが、その際には市役所をはじめ、教育委員会、ボランティアセンター、避難所、仮設住宅などの方々にご協力いただいた。また、研究文献の調査では国立国語研究所図書館のお世話になり、河北新報社からも情報提供を受けた。震災の非常時の中にありながら、私どもの取り組みに理解を示してくださったみなさまに、心から感謝したい。

また、私たちの活動に注目し、一般の方々に向けた出版の機会を与えてくださったひつじ書房の松本社長にもお礼申し上げたい。「もっと熱い思いを語ってください」という松本さんの期待に十分応えられた自信はないが、震災という非常時における方言の意味を、読者のみなさんに考えていただくきっかけくらいは提供できたのではないかと思う。

小林　隆

執筆者と担当

なぜ、今、方言なのか

小林隆(こばやし　たかし　東北大学大学院文学研究科教授)

第1章・第5章

中西太郎(なかにし　たろう　東北大学大学院文学研究科専門研究員・産学官連携研究員)

第2章

川越めぐみ(かわごえ　めぐみ　東北大学大学院文学研究科専門研究員・産学官連携研究員)

第3章

魏ふく子(ぎ　ふくこ　東北大学大学院文学研究科大学院生)

第4章

坂喜美佳(さかき　みか　東北大学大学院文学研究科大学院生・日本学術振興会特別研究員)

第6章

津田智史(つだ　さとし　東北大学大学院文学研究科大学院生・日本学術振興会特別研究員)

コラム

田附敏尚(たつき　としひさ　東北大学大学院文学研究科専門研究員・産学官連携研究員)

方言を救う、方言で救う
3・11被災地からの提言

発行　二〇一二年一〇月三一日　初版一刷
定価　一六〇〇円＋税
著者　東北大学方言研究センター
発行者　松本功
装丁者　渡部文
印刷製本所　三美印刷株式会社
発行所　株式会社ひつじ書房
〒一一二-〇〇一一
東京都文京区千石二-一-二　大和ビル二階
Tel. 03-5319-4916　Fax. 03-5319-4917
郵便振替00120-8-142852
toiawase@hituzi.co.jp　http://www.hituzi.co.jp/

ISBN978-4-89476-640-2

造本には充分注意しておりますが、落丁・乱丁などがございましたら、小社かお買い上げ書店にておとりかえいたします。

ご意見、ご感想など、小社までお寄せ下されば幸いです。